本书出版得到湖南农业大学经济学院"湖南省农林经济管理重点学科"、"湖南省农村发展研究基地"、"湖南省三农问题研究基地"以及湖南省自然科学基金项目"气候变化背景下农业科技投入对农业生产率波动影响机制研究"（编号：2020JJ5263）的资助，特此感谢！

湖南农业大学经济学院学术文库

贸易自由化对中国贸易方式转型影响研究

Research on the Impact of Trade Liberalization on Transformation of Trade Mode in China

蒋银娟 ◎ 著

图书在版编目（CIP）数据

贸易自由化对中国贸易方式转型影响研究/蒋银娟著. —北京：经济管理出版社，2020.8
ISBN 978 - 7 - 5096 - 7497 - 0

Ⅰ.①贸… Ⅱ.①蒋… Ⅲ.①自由贸易（中国）—影响—对外贸易—贸易方式—研究—中国 Ⅳ.①F72②F752

中国版本图书馆 CIP 数据核字（2020）第 163670 号

组稿编辑：曹　靖
责任编辑：曹　靖　王　洋
责任印制：黄章平
责任校对：王纪慧

出版发行：经济管理出版社
　　　　（北京市海淀区北蜂窝 8 号中雅大厦 A 座 11 层　100038）
网　　址：www.E - mp.com.cn
电　　话：（010）51915602
印　　刷：北京玺诚印务有限公司
经　　销：新华书店
开　　本：720mm × 1000mm/16
印　　张：12
字　　数：201 千字
版　　次：2020 年 11 月第 1 版　2020 年 11 月第 1 次印刷
书　　号：ISBN 978 - 7 - 5096 - 7497 - 0
定　　价：78.00 元

·版权所有　翻印必究·
凡购本社图书，如有印装错误，由本社读者服务部负责调换。
联系地址：北京阜外月坛北小街 2 号
电话：（010）68022974　　邮编：100836

前　言

改革开放以来，中国对外贸易发展迅速。其中，加工贸易在经历了40多年发展后，其弊端也逐渐凸显。因此，促进加工贸易方式转型成为优化外贸结构和促进经济结构转型的重要内容。同时，自20世纪90年代初以来，中国政府开始实施推动以削减关税和非关税壁垒为主要内容的贸易自由化进程。2001年中国加入了世界贸易组织（WTO），随后开始履行加入世界贸易组织时签署的承诺，进一步削减关税以推动贸易自由化进程。那么，贸易自由化伴随的关税削减是否会对贸易方式转型产生影响？具体来说，能否有效促进加工贸易方式向着一般贸易方式转型？本研究试图在异质性企业贸易理论的框架下分析贸易自由化对贸易方式转型的影响，并实证分析其影响企业和行业层面的贸易方式转型的作用机制。

本研究将分别从不同研究对象层面分析贸易自由化对贸易方式转型的影响机制。与以往文献研究的不同点在于：首先，本研究从微观主体决策的角度考察贸易方式转型问题，从企业层面的出口贸易方式选择、贸易方式的动态转变以及贸易份额变动等方面分析关税削减对贸易方式转型的影响。其次，本研究将进口关税削减区分为产出关税削减和投入品关税削减，并分别考察其对贸易方式转型的影响，由此还进一步考察进口产品质量效应、竞争效应对贸易方式转型的影响。最后，本研究还考虑到混合贸易出口企业在贸易方式转型中起到的作用，从混合贸易企业—产品层面分析关税削减对其一般贸易份额变动的影响。

本书由八章构成。第一章为绪论，介绍了本书的研究背景和意义、相关文献综述、研究思路框架和方法、创新点和不足之处。文献综述部分回顾和梳理了异质性企业贸易理论、贸易自由化和贸易转型的相关文献。

第二章说明了中国对外贸易方式转型的相关现状和特征，同时也说明了贸易自由化的进展和趋势,尤其是关税削减的进程。

　　第三章到第五章是本书的核心部分。其中,第三章首先介绍了贸易自由化和贸易方式转型的度量指标和测算方法,其次分析了贸易自由化通过提升企业生产率从而影响出口贸易方式选择的作用机制,最后利用中国工业企业数据库和海关数据库的匹配数据实证检验相关假说和机制。

　　第四章构建了包含不同出口贸易方式的异质性企业贸易模型,探讨了关税削减对企业出口贸易方式动态转变的影响,并由此提出相关假说;采用微观企业层面数据进行实证检验,分析进口投入品关税削减对纯加工贸易出口企业和混合贸易出口企业贸易方式动态转变的影响。

　　第五章从行业层面和产品层面分析贸易自由化对贸易方式转型的影响。本书将关税削减区分为产出关税削减和投入品关税削减,并且检验关税削减带来的不同效应对贸易方式转型的影响。

　　第六章构建了考虑贸易关系差异性的理论模型,将出口学习效应来源进一步具体到企业出口贸易关系上,进而分析不同类型贸易关系对企业层面生产率的影响。

　　第七章刻画了外部风险冲击下的贸易关系建立与解除的动态过程的理论模型,阐述风险冲击强度与企业利润和绩效之间的关系。结果表明,贸易政策不确定性将会不利于企业使用进口中间品,从而影响到企业利润和企业生产率。并且探讨了不同情况下的具体情形。

　　第八章对本书进行总结,归纳主要的研究结论,并提出相应的对策建议。

　　通过本研究,主要得到如下结论:

　　其一,投入品关税削减会导致出口企业以纯一般贸易方式出口的概率增加;而以混合贸易方式、纯加工贸易方式出口的概率减少;并且投入品关税削减还将促使新增出口企业更倾向选择纯一般贸易方式出口。企业生产率越高,其选择纯加工贸易和混合贸易方式出口的概率越低,而选择纯一般贸易方式出口的概率越大;并且投入品关税削减对出口企业贸易方式选择的影响主要是通过促进企业全要素生产率提高而发挥作用。

　　其二,投入品关税削减会导致纯加工贸易出口企业未来选择混合贸易出口的概率增大;也会导致混合贸易出口企业未来选择纯一般贸易方式出口的概率增大，同时，投入品关税削减会导致混合贸易企业中一般贸易份额的比例增大。无论是从出口贸易方式转变的集约边际上看，还是拓展边际上看，投入品关税削减均能显著促进企业出口贸易方式转变。

其三，同时考虑投入品关税削减和产出关税削减的影响作用，当在两位数行业层面进行分析时，投入品关税削减会导致行业内以纯一般贸易方式出口企业占比增大，并且投入品关税削减的作用更为明显。当在四位数行业层面进行分析时，产出关税削减促进贸易方式转型的作用更为明显。当采用产品层面研究对象进行分析时，产出关税削减显著促进一般贸易份额增加。这可能是由于竞争效应在范围更狭小的产品市场内更明显。当考虑进口产品质量对贸易方式转型的影响时，研究结果表明，进口产品质量水平越高，则一般贸易出口份额越大。

其四，加工贸易关系强度越高，企业劳动生产率和全要素生产率越低。在控制其他因素的情形下，加工贸易关系强度越低，绝大部分贸易关系是一般贸易型，企业从出口中获得学习效应、提高自身生产率的效果越明显。

目 录

第一章　绪论 ·· 1

　一、研究问题背景和意义 ··· 1
　　（一）研究问题背景 ··· 1
　　（二）研究目的和意义 ·· 5
　二、国内外研究现状 ··· 7
　　（一）异质性企业贸易理论 ··· 7
　　（二）贸易自由化的相关文献 ··· 13
　　（三）贸易转型升级的相关文献 ·· 15
　　（四）中间品贸易与企业生产率相关文献 ··································· 19
　三、研究思路和方法 ··· 20
　　（一）研究总体思路 ··· 20
　　（二）研究内容的结构和方法 ··· 21
　四、创新点和不足之处 ··· 23

第二章　贸易自由化背景下中国外贸转型发展的特征性事实 ············ 26

　一、中国对外贸易转型发展的特征性事实 ······································ 26
　　（一）一般贸易占据对外贸易比重逐渐增大 ······························· 26
　　（二）企业出口贸易方式的动态转换明显 ·································· 36
　　（三）不同贸易方式企业生产率的差异性 ·································· 39
　　（四）进出口贸易方式的差异性和相关性 ·································· 41
　二、中国贸易自由化进展趋势 ··· 46

（一）中国进口关税贸易水平不断下降 …………………… 46

（二）中国非关税贸易壁垒不断减少 …………………… 49

第三章　贸易自由化对出口企业贸易方式选择的影响 …………… 51

一、引言 ………………………………………………………… 51

二、贸易自由化对企业出口贸易方式选择的影响机制 ………… 53

（一）贸易自由化指标的构建和测算 …………………… 53

（二）贸易自由化影响企业出口贸易方式选择：影响机制分析 …… 55

（三）计量模型、数据说明和描述性统计 ……………… 56

三、贸易自由化对企业出口贸易方式选择影响实证分析 ……… 63

（一）基准回归结果 ……………………………………… 63

（二）分样本的估计结果 ………………………………… 70

（三）稳健性分析 ………………………………………… 77

四、本章小结 …………………………………………………… 82

第四章　贸易自由化对出口企业贸易方式转变的影响 …………… 84

一、引言 ………………………………………………………… 84

二、贸易自由化对出口企业贸易方式转变的理论分析 ………… 85

（一）理论模型构建 ……………………………………… 85

（二）计量模型、变量和数据 …………………………… 90

三、贸易自由化对出口企业贸易方式转变的影响实证分析 …… 94

（一）基准回归结果 ……………………………………… 94

（二）拓展分析 …………………………………………… 99

（三）稳健性分析 ………………………………………… 103

四、本章小结 …………………………………………………… 108

第五章　贸易自由化对行业层面贸易方式转型影响机制分析 …… 110

一、引言 ………………………………………………………… 110

二、贸易自由化对贸易方式转型的影响机制 …………………… 111
　　　　（一）贸易自由化对行业层面加工贸易转型作用机制 ………… 111
　　　　（二）计量模型、变量和数据 …………………………………… 112
　　三、贸易自由化对行业层面贸易方式转型影响的实证分析 …… 117
　　　　（一）基准回归结果 ……………………………………………… 117
　　　　（二）进一步回归结果 …………………………………………… 127
　　四、本章小结 …………………………………………………………… 132

第六章　我国贸易方式转型对企业生产率的影响机理研究 …… 134

　　一、引言 ………………………………………………………………… 134
　　二、理论模型 …………………………………………………………… 136
　　三、实证方法、数据处理和描述性统计 …………………………… 138
　　四、贸易关系对企业生产率的影响实证分析 ……………………… 143
　　　　（一）基本回归结果 ……………………………………………… 143
　　　　（二）稳健性分析 ………………………………………………… 147
　　五、本章小结 …………………………………………………………… 148

第七章　贸易政策不确定性对企业生产率的影响 ………………… 150

　　一、引言 ………………………………………………………………… 150
　　二、贸易政策不确定性影响企业生产率的作用机理 …………… 151
　　三、理论框架 …………………………………………………………… 152
　　四、具体情形下的讨论 ………………………………………………… 158
　　　　（一）进口中间品贸易受限制的情形 ………………………… 158
　　　　（二）进口中间品贸易没有受限制的情形 …………………… 158
　　　　（三）宏观贸易政策不确定性增加的情形 …………………… 158
　　　　（四）贸易开放对经济增长的溢出效应的情形 ……………… 159
　　　　（五）不同贸易方式类型对经济增长的溢出效应的情形 …… 159
　　五、本章小结 …………………………………………………………… 160

第八章　结论与对策建议 ………………………………………… 162

一、主要结论 ……………………………………………………… 162

二、对策建议 ……………………………………………………… 165

参考文献 …………………………………………………………… 167

第一章 绪论

本章对本研究的选题意义、文献综述、研究思路以及创新性进行说明,具体内容分为四部分。第一节介绍研究问题背景和意义;第二节介绍了国内外相关研究现状;第三节介绍研究思路、内容结构和研究方法;第四节介绍主要创新点和不足之处。

一、研究问题背景和意义

(一) 研究问题背景

改革开放以来,我国对外贸易发展迅速,一直保持良好的增长态势。改革开放初期的1978年,我国对外贸易进出口总额尚且只有206.4亿美元,随着改革开放政策的逐渐深入推进,对外贸易发展也开始进入快速发展的阶段。尤其在2001年加入了世界贸易组织后,中国进出口贸易总额增长明显更加迅速。2008年世界金融危机爆发之前,中国对外贸易总额以平均约20%的增长速度飞速发展。2009~2012年,由于受到国际金融危机的影响,国际市场的不景气也连带导致我国进出口贸易的明显下滑,2012年以后,国际市场逐步回暖,我国对外贸易仍然增长缓慢。总体而言,我国外贸发展较快,并且贸易规模体量较大。2015年中国已经取代了美国,成为全球贸易规模最大的国家。

一方面,中国进出口贸易总量不断增长,另一方面,贸易结构也在不断变化调整。首先,从贸易产品结构来看,改革开放初期,我国出口产品主要以动植物、矿物燃料等初级产品为主，随着经济不断发展、国民经济产业体系不断完善，生产产品的国际竞争力不断提高，出口产品逐渐转变为较复杂的工业制成品。机电类工业制成品也占据了我国出口贸易产品中的一大部分。并且，出口产品的质量也在不断提升。

其次，从贸易方式结构来看，加工贸易成为我国出口企业融入全球价值链和参与国际分工的重要途径和方式。尤其是改革开放以来，中国政府推行大力鼓励引进外资、促进加工贸易发展的贸易政策，加工贸易占进出口贸易的比重不断上升，1998年其占比上升为53.4%。随后加工贸易占比有所下降，2015年我国的加工贸易额占贸易进出口总额的46%，占据了外贸总量的半壁江山。

值得注意的是，我国外贸转型也有所进展，一般贸易占总贸易金额的比重在不断地上升。

我国外贸企业中存在着大量的加工贸易企业，并且，其出口产品也包括复杂程度较高的机电产品。然而，从全球价值链的构成来看，我国加工贸易企业承接的是"微笑曲线"低端环节的分工。加工贸易企业往往更集中在劳动密集型行业，员工的技术技能也相对较初级，企业生产率和利润率也较低。当面临经济危机或者外部国际市场需求相对萎缩时，这些主要依赖外国订单来获得利润的加工贸易企业收入锐减，情况尤为雪上加霜，因此，这类企业更容易受到外部冲击而利润减少、停产或者倒闭。

虽然中国对外贸易发展迅速，并且外贸总量巨大，但是加工贸易的低生产效率、低附加值使本国从贸易中获得的贸易利得严重被高估，外贸部门大而不强的局面尤其突出。并且，中国外贸规模巨大的经常项目顺差时常引发与其他国家的贸易摩擦。美国政府经常指责中国政府操控人民币汇率和过度进行出口补贴。中国频繁被列为反倾销案件的被告方，与别国的贸易摩擦冲突时有发生。另外，规模巨大的外汇占款也成为中国国内流动性过剩的重要原因。流动性过剩也顺带引发国内房地产、股市等资本市场诸多经济问题。

近年来，经济危机后世界经济政治形势日益复杂多变，中国几个重要的贸易伙伴国家政治保守主义势力重新上台，全球新一轮的贸易保护主义可能顺应民族主义思潮重新抬头，中国目前面临的外贸形势仍然不容乐观。2015年中国对外贸易进出口同比下降7%。在当前的形势下，对外贸易再保持以往的强劲增长势头显然较为困难。总体来说，中国对外贸易发展迅速，其中加工贸易弊端逐渐凸显，外贸继续维持高速增长较为困难，这均构成本研究的重要背景。

另外，1978年以来中国政府开始推行市场化改革，具体来说，对内进行经济改革，对外进行贸易开放。20世纪90年代初以来，我国开始实行了以削减关税和非关税壁垒为主要内容的贸易自由化进程。为了重返关税贸易总协定（GATT）框架和加入世界贸易组织（WTO），在1992~2000年中国先后进行五次进口关税税率调整，非加权平均关税税率由42.9%下降至17%。2001年12月，中国开始正式加入世界贸易组织（WTO），为了兑现加入WTO时签署的承诺协定，中国政府进一步继续削减进口关税税率。截止到2005年，中国简单平均进口关税税率已经降为9.87%，并且，进口中间品关税税率也在不断地降低。随后，关税降幅不太明显，简单平均关税基本保持稳定。

除削减关税外，非关税壁垒也在逐步被清除。2002年中国政府取消了大约两百多种进口配额和许可证。2004年7月，我国将外贸经营权审批制修订为登记制，企业进出口的大部分阻碍得以消除，对外贸易权彻底放开。并且，政府积极推动自贸区建设作为进一步推动贸易开放、深化改革的重点。其中，在国内多个地区开始设立规格和级别较高的自由贸易区也成为继续深化开放政策的新举措。中国还积极推动双边自贸协定谈判，分别与新加坡、东盟等11个经济体签订自由贸易协定。此外，中国内地还与港澳台等地区建立更为紧密的经济合作，例如，与港澳地区建立更紧密的经贸关系安排（CEPA），与台湾签署海峡两岸经济合作框架协议（ECFA）。中国签署的双边自贸区数量多达22个国家和地区。截止到2015年，除韩国、澳大利亚外，大多数的双边自贸协定均已开始实施。

除稳步推进双边自贸区建设外，中国也积极参与构建和完善多边自由贸易框架。2002年，中国开始推动建设中日韩自贸区，2015年全面建成中国—东盟自贸区。并且，中国继续推动世贸组织多哈回合谈判，积极参与WTO框架下的区域和跨区域自贸安排。多边自由贸易协定既推动了区域经济融合，也有助于完善多边贸易体系。总之，改革开放以来特别是加入WTO后，我国正在经历着一场深刻而广泛的贸易自由化变革。贸易自由化也构成了本研究的另一大背景。

近年来，制造业的普通劳动力短缺常常成为关注热点。关于中国劳动力市场的"刘易斯拐点"是否到来目前学界还存在争议，但不可否认的是，经济现象是普通劳动力平均工资逐渐上升,制造业劳动力成本在不断增加。中国低廉劳动力成本优势不再明显,沿海地区企业出现"技工荒"和"招工难",劳动密集型行业的工资水平普遍上升。这将对我国劳动密集型行业出口企业的生产经营带来极大挑战,可能挤压原本相对微薄的企业利润空间。许多企业迫于生产成本普遍上升的压力,纷纷寻求调整转型升级的机遇。

除劳动力成本上升的压力外,环境成本也逐渐成为政府、企业等利益各方需要考虑的因素。原先粗放型经济增长模式下,各种资源利用率较低,生态环境承受了巨大的负担。近几年,雾霾天气频繁出现、河流土地污染事故频发,环境污染问题日益变得严重。环保和高效利用自然资源开始成为政府继续推动贸易开放时需要兼顾考虑的重要因素。2005年,针对部分"高污染、高耗能、资源性"产品,钢材、纺织品等商品,政府取消或者下降2~5个百分点的出口退税税率。2007年,政府再次调低了部分化工制品等行业的出口退税税率。这说明政府开始重视对外贸易迅速发展所伴随的资源环境问题,有意识地通过调低部分行业的出口退税率来促进贸易结构转型升级。

由于劳动力成本、资源环境等方面的约束日益严重,中国作为"世界制造工厂"的低生产成本优势开始不明显,许多跨国公司开始将生产和组装工厂迁移到印度、东南亚等劳动力成本更为低廉的国家和地区。特朗普当选后,为了创造更多的工业就业岗位,美国政府已经采取了减税措施吸引美国公司的制造业工厂回迁。一方面,国内生产成本普遍上升,中国对于跨国公司制造工厂的吸引力下降,逐渐开始出现部分行业制造工厂外迁的现象。另一方面,经济危机后的世界经济复苏缓慢,经济并不太景气,国际市场需求也不太旺盛。外贸部门所面临的国内外的经济形势均较为严峻,传统的外贸发展模式面临着较大的挑战。

21世纪以来,顺利推动外贸转型也就逐渐成为政府优化外贸发展结构的重要内容。政府工作报告中多次指出,要稳步推进加工贸易转型升级,鼓励出口加工贸易向中西部地区转移。并且,将中国作为世界制造工厂的现状逐渐向以自主研发为依托的高端制造业为特色的产业格局,打造"中国智造"的优势。然而,作为发达国家跨国公司主导的全球价值链分工在国际贸易的体现,加工贸易本身具有其特殊性。加工贸易的发展往往具有较强的路径依赖,这可能使我国出口企业被动地镶嵌在其原有价值链的位置,转型升级的步伐缓慢。虽然政府极力倡导加工贸易转型升级,而政策的效果并不太明显。这也就构成了本研究的另一个现实背景。如何有效地促进外贸转型也成为学术界和政策决策研究者重点关注的话题,本研究将试图分析促进外贸转型升级的途径。

(二) 研究目的和意义

改革开放以来,中国经历着深刻的贸易自由化进程。中国经济的快速发展,在短短的40余年内取得了举世瞩目的成就,对外积极开放的作用不可忽视。20世纪80年代以来,中国抓住全球性产业结构调整和转移的机会,积极承接来自亚洲"四小龙"的产业转移,以巨大的劳动力成本优势积极参与国际分工。中央政府施行的以补贴退税促进出口贸易的外向型经济政策,为引进外资各地方政府纷纷出台一系列针对外商直接投资的优惠政策,鼓励强化对加工贸易的扶持力度。外商投资企业成为最初加工贸易发展的主体。加工贸易也就逐渐成为我国外贸的主要构成部分。20世纪90年代后,加工贸易几乎占据了我国外贸总规模的一半。2001年中国加入世界贸易组织后,加工贸易发展又进入新阶段。其中,外商投资的加工贸易企业生产产品也由最初的玩具、纺织皮革制品逐渐转变为机电类等技术水平和质量较高的产品。

但是,加工贸易的弊端也逐渐凸显。首先,加工贸易顺差构成了我国对外贸易顺差的主要来源,而巨额的贸易顺差也带来了不少贸易摩擦和冲突。加工贸易方式中企业大多是从其他国家和地区进口料件,在国内组装或者继续深加工再出口。加工贸易进口料件的价值在出口环节中被计入我国企业的出口总额。这在统计上由此造成我国与其贸易伙伴的贸易顺差变得更大,因而加剧了我国与其他国家的贸易摩擦。

其次,加工贸易的低利润、低附加值模式导致我国大量资源和要素被低效利用。加工贸易经济效益较低,其贸易利得被高估。国内加工贸易企业主要在机电行业和高新技术行业等资本密集型产业中从事劳动密集型环节生产活动。从事简单加工组装环节的加工贸易企业获得的附加值更低。另外,大量的外商投资、合资的加工贸易企业通常是作为跨国公司全球生产布局的制造基地。企业从事加工贸易生产经营活动获得的利润最终被外商获取并汇回其母国。这种现象在来料加工贸易中更为明显,通常中方企业仅获得占据出口总额7%~9%的劳务费,大部分生产利润仍被外商所获得。

再次，加工贸易对外部国际市场需求和外商投资的依赖程度较大，这也可能导致加工贸易企业应对国际形势波动、抵御风险的能力较弱。加工贸易的主要特点是"两头在外"，产品的研发设计以及销售售后环节都被外国企业所掌握。跨国企业在价值链中占据主导地位，国内加工贸易企业处于被动依附地位。并且，有研究表明，当一国对切入全球价值链程度高的产业依赖度比较高时，这些外向型产业发生波动，很容易造成该国经济波动（张少军，2013）。

最后，本国的加工贸易企业负责生产组装环节，跨国公司十分重视对核心关键技术的控制，会有意识地限制阻碍贸易活动中的技术溢出和技术扩散。因而，国内企业在技术、管理方面获得技术溢出效应较小。很多核心技术、高新技术的转移大多发生在跨国公司的在华子公司内部，并被严格限制传播流出。加工贸易带来的技术溢出效果并不明显。

由此可见，尽管发展迅速并且规模巨大，加工贸易的这些弊端和不足之处，使得加工贸易进行转型升级成为迫切任务。并且，从外部经济环境上看，经济危机后，欧美等主要经济体国家复苏过于缓慢，国际市场需求疲软。同时，从国内经济形势上看，国内劳动力要素、资源环境等要素的成本逐渐上升。一直以来促进外贸经济稳定繁荣发展的成本优势逐渐消失，宏观经济环境不景气使得中国继续保持外贸增长和优化贸易结构的任务压力更大。

在这样的经济背景下，中国推动贸易转型升级成为纾解困局的重要选择。如何推动我国外贸发展方式转变，促进我国处于全球价值链条低端的生产环节升级和产品质量提升，使企业参与国际贸易的方式由位处价值链低端的加工制造向位处价值链中高端的一般贸易方式转变，顺利实现贸易转型升级也就成为了决策层和学术界研究的热点问题。

贸易转型升级既包括了贸易方式转型，也包含了生产技术和产品质量的升级，其涵盖研究领域也颇为广泛。已有不少研究文献分别从产业结构转型升级、产品技术升级等角度对这一问题进行研究论述。本研究更侧重于从贸易方式转型角度进行分析研究。从贸易方式转型这一角度切入，本研究试图研究贸易自由化影响贸易方式转型的机制。有研究表明，从事加工贸易企业的经营表现明显低于从事一般贸易企业。企业是经济活动的微观主体，同时也是国际贸易活动的直接参与者，政府所推动的贸易转型最终也是需要从具体的、微观的企业来贯彻落实和实现。从微观角度来分析贸易转型具体实现的方式则显得更有意义。本研究的重要创新点是从企业层面分析贸易方式转型。在异质性企业贸易理论的框架下，本研究将重点分析贸易自由化对于促进贸易方式转型的影响。

本研究关于贸易自由化的作用影响的研究也将具有较大的现实意义，第二次世界大战结束后，全球化的浪潮席卷了世界各地。中国正是由于顺应贸易自由化的时代潮流，积极参与全球价值链分工体系，由此获得较快的发展。贸易自由化使生产资源在全球范围内得到优化配置，同时，贸易自由化所导致的利益分配格局不均衡也使得推动多边贸易协定签署和贸易自由化进一步发展面临困难。2008年经济危机后，随着全球经济增长缓慢和政治保守主义势力上台，以英国退出欧盟为标志，贸易全球化显现了退潮的态势。世界范围内贸易保护主义趋势可能有所加强。通常，贸易保护主义总是伴随着全球性的经济金融危机出现的。在全球经济增长放缓的当前背景下，各国之间的利益纠葛更为复杂，贸易保护主义的倾向逐渐变得更加突出。

但是，贸易保护主义通常不仅对各国经济复苏的作用收效甚小，甚至还会进一步加剧各种经济政治危机。逆全球化的趋势固然有其深层次的经济原因，然而政府决策层则更应该着眼于未来长期的经济利益来考虑和选择经济政策。中国应继续坚定地维护长期以来的贸易自由化的成果，继续推进多边贸易协定对话磋商机制，努力构建自由、公平、开放的国际贸易环境。因此，更深入全面地研究贸易自由化的影响仍有较大意义。研究贸易自由化对中国外贸方式转型的影响和作用机制，有助于提供如何促进贸易转型切实可行的思路和对策。

二、国内外研究现状

（一）异质性企业贸易理论

早期国际贸易主要表现为不同国家的产业间贸易，为了解释这种贸易模式，先后出现了古典的李嘉图比较优势理论和新古典赫克歇尔—俄林理论，也被称为H-O理论（Ohlin，1933）。这两类理论都被称为传统贸易理论。它们均假设了市场是完全竞争的，并且产品是同质性的。后来，关于贸易要素报酬和产业间垂直分工的研究也逐渐深入（Stopler and Samuelson，1941；Rybcynski，1955）。

到了20世纪80年代，随着经济不断发展，国际贸易则更多地发生在欧美以及日本等工业化经济体之间，并且双方主要进行产业内产品贸易（Grubel and Lloyd，1975）。这一期间各国制造业产业内贸易蓬勃发展，原先的传统贸易理论无法解释为何在要素禀赋结构相似、生产率水平阶段相近的国家之间仍然会存在大量国际贸易。因此，新的贸易现象也促使新贸易理论的产生。于是，Krugman（1979）和Krugman（1980）在吸收了Dixit和Stiglitz（1977）差异性中投入品的思想，开始提出了以规模经济、差异性产品、不完全竞争为主要假设条件的新贸易理论。新贸易理论的主要观点是，即使在生产率水平、要素禀赋差异不大的国家之间仍然可以发生国际贸易。因为生产活动中存在规模要素报酬递增，集中生产同一种产品时的要素报酬要比同时生产两种不同产品时更大。并且，由于工业产品存在差异性，消费者对于同一产业内的产品也具有不同的效用偏好。消费者偏好消费多样化的产品，这也就导致了经济发展阶段和消费者需求偏好相近的发达国家之间也会产生国际贸易。

新贸易理论中假定行业内所有企业均是同质的，在该理论得到的启示是行业内企业要么全部选择出口，要么都不出口。而随着国际贸易的经验研究逐渐深入到企业层面，学者们逐渐发现了新的贸易现象。现实中，大部分参与国际贸易的国家中只有很少一部分企业从事进出口贸易活动，大部分企业只在国内生产销售，并不出口。而且，出口企业和非出口企业在生产率、规模等方面也存在明显差异。例如，Bernard等（1995）、Aw和Hwang（1995）分别使用美国制造业和中国台湾电子产业的数据进行研究发现，出口企业和非出口企业在生产率以及企业规模上存在差别，并且出口企业的生产率明显高于非出口企业。同时，出口企业占所有企业中比例非常低。

随后不少实证研究也都表明了出口企业和非出口企业存在其他方面的企业异质性。Clerides等（1998）发现经营更好的企业可以通过更低的边际成本获得更高的利润。并非所有企业都能出口，只有那些能够承担出口沉淀成本的企业才能出口，较高生产率的企业选择进入出口市场。并且，出口能够获得经营管理经验和知识的积累，这也反过来促进了企业生产率更快增长。其他研究也得到类似的结论，出口企业经营表现更好，拥有更高的工资水平（Bernard and Jensen，1999；Aw et al.，2000）。

为了对上述经济现象提供一个合理的解释，出现了强调企业异质性假设的新新贸易理论。新新贸易理论中假设企业存在生产率和规模等方面的差异性，并且同时还假定市场结构为不完全竞争市场。新新贸易理论将研究对象进一步具体细化到企业层面，分析企业层面贸易变动，从而开拓了国际贸易理论研究和贸易实证分析的前沿。新新贸易理论更关注企业异质性和出口、FDI 的关系，研究分析企业国际生产时选择不同组织形式的机制。新新贸易理论有两个不同流派的研究分支，其一，以 Melitz（2003）为代表的异质性企业贸易模型。异质性贸易理论模型可以解释只有一部分企业从事出口的现象。行业内企业的生产率具有差异性，企业生产率的异质性是决定企业能否出口的重要因素。其二，以 Antras（2003）、Antras 和 Helpman（2004）、Helpman 等（2004）为代表的企业内生边界模型，主要解释决定企业选择垂直型 FDI 或者外包形式的因素。

Melitz（2003）在吸收 Hopehayn（1992）产业动态模型和 Krugman（1980）贸易模型的基础上，同时，结合 Clerides 等（1998）提出的关于出口自选择效应的思想，创新性地研究贸易自由化对行业内异质性企业带来的行业内资源优化配置的影响。并且，企业异质性这一特点在传统贸易理论和新贸易理论都不曾讨论涉及。在传统贸易理论和新贸易理论中，众多企业都被假定有相同的生产函数形式。那么，这些企业投入相同的要素就会得到相同的产量，具有相同的收益和相同的利润。这种产业内同质性企业的假设严重脱离了现实，忽略了同一行业内的企业在生产率水平、资本密集度和员工技能素质方面均存在显著的差异。

Melitz（2003）认为，存在进入该产业的固定沉没成本和出口贸易固定沉没成本，由于企业本身生产的差异，更有竞争力的企业进入国际市场，而生产效率相对比较低的企业的产品只能在国内销售，甚至一些生产效率更低的企业由于零利润或者负利润，只能选择停产退出。贸易自由化会通过行业内资源再配置从而提高行业总体生产率水平。新新贸易理论能够较好地解释经济现实，并且该理论将国际贸易理论分析讨论的对象由宏观国家层面、行业层面进一步深入到微观企业层面。许多国家的微观企业数据的可获得性增加,也为深入研究企业层面的国际贸易的动因和贸易利得提供了可行性。

贸易自由化伴随的出口固定成本的降低将会导致较低生产率的企业倒闭退出市场,同时使更多的新企业进入到国际市场。而且,贸易可变成本的下降,生产率较高的企业则可以将更多数量以及更多种类的产品出口到国际市场,提高其市场份额和利润。贸易可变成本对拓展边际和集约边际均产生影响。而出口固定成本下降,则主要影响到更多的新出口企业进入国际市场,即通过拓展边际影响出口。

Melitz(2003)模型有如下的优点:其一,传统贸易理论和新贸易理论是从国家和产业层面来分析国际贸易产生的动因,研究视角更偏向于宏观层面。Melitz(2003)贸易模型则是从企业层面的生产率的差异来说明国际贸易发生的动因,将企业生产率水平高低作为影响企业出口决策的重要因素,为国际贸易问题研究提供了全新的微观视角,同时也为贸易理论的拓展提供了较好的分析框架。

其二,传统贸易理论和新贸易理论分别认为贸易利得来自于专业化分工和规模经济。而Melitz(2003)阐明了国际贸易利得的另一种新来源——竞争效应所导致的资源优化配置。在贸易开放的情形下,由于企业生产率存在异质性,较高生产率企业顺利出口到国际市场,市场份额得到扩张;而较低生产率企业的市场份额变小,甚至会被迫倒闭退出。行业内资源由低效率企业向高效率企业进行转移,整个行业的平均生产率也由此得到提高,从而通过国际贸易促进了经济增长。

同时,Melitz(2003)模型也存在一些不足之处:首先,该模型中假定企业异质性是外生的,没有说明企业生产率异质性的来源。该模型仍然是在比较静态模型分析框架下进行研究。企业生产率的分布被假定是静态的,而现实经济中,企业生产率的分布很可能是动态的。另外,关于对称性国家的假设也过于严格,这也就忽略了不同国家本身在要素禀赋上的差异,无法分析贸易自由化对不同要素禀赋国家作用影响的差异。

其次,企业异质性并不只体现在企业生产率上,企业规模、工资水平、劳动力技能等方面也反映了企业的异质性。而且,模型中假定了企业只生产一种产品，这固然有利于模型简化和分析，却无法分析多产品企业的情形。事实上，大量企业生产多种产品进行销售和出口。这些多产品企业内部的资源配置的问题也就无法使用该模型进行解释。

Melitz（2003）提出异质性企业贸易理论后，随后许多学者在异质性企业模型的基础上进行拓展研究。有一部分学者在异质性企业的理论模型上继续深入拓展；另一部分学者则主要利用不同国家的企业层面数据来验证异质性企业贸易理论。

关于异质性企业理论拓展的相关研究。Bustos（2011）、Bernard 等（2006，2011）分别从引入内生技术选择、多产品企业等角度对异质性企业贸易理论进行了拓展。钱学锋等（2013）研究发现，多产品出口企业也是中国的出口贸易的典型化事实，并且企业产品产量的差异性也被认作是企业异质性特征。Baldwin 和 Harrigan（2011）在 Melitz（2003）模型中拓展考虑了企业产品质量差异性，研究发现，地理距离和市场规模将会影响到产品质量。随后，Verhoogen（2008）、Kugler 和 Verhoogen（2008）以及殷德生等（2011）也在异质性企业贸易模型的基础上考虑到产品质量因素。国内学者施炳展等（2013）和施炳展（2014）测算了中国出口产品质量。产品质量的差异通过价格影响到企业的利润，因而更高质量的产品才能使企业弥补出口所需要的出口固定成本，并且更高质量的产品才能销售到离本国距离更远的市场。

由于异质性企业理论框架比较容易进行拓展，Falvey 等（2004）、Akerman（2010）、Helpman 等（2004）、Baldwin（2006）、Chaney（2008）、Manova（2013）等分别从非对称性国家、贸易中介、出口和 FDI 投资选择问题、产业地理聚集、二元边际、信贷约束等角度对异质性企业模型进行拓展，而且该领域的理论研究还处于不断发展完善中，异质性企业贸易理论的研究文献仍然层出不穷。

另外，围绕异质性企业贸易理论的实证研究也非常丰富。异质性企业贸易理论认为企业生产率水平差异是影响企业能否克服出口固定成本在国际市场上销售产品的关键因素。生产率最高的企业出口国家市场，生产率较低企业在国内销售，生产率最低的企业将会退出市场。验证企业生产率与出口之间的关系，出现了"自我选择效应""出口学习效应"两个互不排斥的解释。前者被认为是企业参与国际贸易的动因，后者则被视为企业参与国际贸易后的贸易利得。

Clerides 等（1998）利用哥伦比亚、墨西哥和摩洛哥等国家的企业层面数据检验了出口与企业生产率之间的因果关系，也最早提出出口市场中企业的自我选择效应的概念。Bernard 和 Jensen（2004a，2004b）利用美国企业数据进行检验也表明存在出口的自我选择效应。研究检验出口企业的自我选择效应的文献有很多（Aw et al. , 2000；Alvarez and Lopez, 2005；Girma et al. , 2005；Damijan et al. , 2004；Van Biesebroeck, 2005；Eliasson et al. , 2012），大部分国家的企业层面数据研究结果均表明支持存在自我选择效应。

值得注意的是，部分研究认为中国出口企业生产率并没有明显高于非出口企业，而"生产率悖论"主要由于出口企业中大量存在加工贸易企业（李春顶和赵美英，2010）。随后，围绕中国出口企业的生产率是否高于非出口企业这一问题，国内大量学者开始进行研究。考虑排除加工贸易企业的因素以外，大部分研究结论仍然是支持自我选择效应（易靖韬和傅佳莎，2011；邱斌等，2012；张杰等，2016）。邱斌等（2012）采用倍差匹配法对1999～2007年制造业企业数据进行检验，分析发现同时存在显著的自我选择效应和出口学习效应。

企业进入出口市场后，与国外进口商贸易时学习对方的管理经验和先进技术，或者增加研发投入从而吸收技术溢出，从而获得生产率的提升，被称为"出口学习效应"。关于"出口学习效应"的检验，一部分研究分别利用发达国家和发展中国家企业数据进行分析，发现存在出口学习效应（Aw et al. , 2000；Hahn and Park, 2010；Fernandes and Isgut, 2005；De Locker, 2007；Ranjan and Raychaudhuri, 2011）。然而，另一部分文献的研究结果则表明，出口企业并没有从出口中获得明显的生产率提升（Wanger, 2002；Castellani, 2002；Greenaway et al. , 2005；Girma et al. , 2005；Farinas and Martin – Marcos, 2007）。

一些对中国企业的经验研究发现出口企业存在出口学习效应（钱学锋等，2011；张杰等，2009；邱斌等，2012；胡翠等，2015）。也有一部分研究认为中国企业不存在出口学习效应（张礼卿和孙俊新，2010；李春顶和赵美英，2010；包群等，2014；汤学良等，2015）。由于加工贸易企业在出口企业中大量存在，并且加工贸易企业本身技术含量不太高，这可能导致了出口学习效应不太明显。加工贸易出口企业和一般贸易出口企业还可能在出口学习效应上存在差别。并且,加工贸易出口企业中不同的贸易强度也可能存在学习效应的差别（吕大国等,2016）。由此可见,从出口学习效应的角度来看,相比于一般贸易,加工贸易方式也存在明显劣势,进行贸易方式转型具有明显必要性。

还有一部分研究认为出口学习效应的发挥依赖于样本企业的其他特征。例如,出口目的国的选择、研发投入等因素、制度距离（Damijan,2004；余淼杰,2010；张先锋等,2016）。

（二）贸易自由化的相关文献

第二次世界大战结束后的相当长时期内,贸易自由化一直是全球经济发展的大趋势。主要表现为 WTO 成员国数量不断增加,各国纷纷采取削减关税、取消进出口配额等方式来降低贸易壁垒。贸易自由化影响也成为国际贸易研究领域的重要话题。

许多研究者发现,贸易自由化具有促进经济增长的作用,并且贸易自由化将对地区收入差距、技术工人非技术工人工资差距、收入份额、减轻贫困等方面产生重要影响（郭炳南和程贵孙,2013；颜银根,2012；Hanson 和 Harrison,1999；余淼杰和梁中华,2014；郭熙保和罗知,2008）。从宏观层面来研究贸易自由化的影响的文献较多,随着微观企业层面数据逐渐被广泛使用,贸易自由化如何在企业层面发挥作用,从而达到促进经济增长的效果,也逐渐成为了学者们经验研究的主要问题。

首先,Pavcnik（2002）利用智利数据研究发现,贸易自由化会对进口竞争部门的企业生产率提升起到重要作用。Tybout（2003）和 Trefler（2004）分别利用发展中国家的数据和加拿大企业数据进行分析也得到类似的结论。Schor（2004）利用巴西4484家企业数据分析发现名义关税对企业生产率具有负向作用,并且中间投入品关税的作用也显著为负。这说明贸易自由化不仅带来了更激烈的竞争,而且会使得企业获得更好的投入品,这将会导致企业生产率上升。

Amiti 和 Konings（2007）利用印度尼西亚企业数据分析发现,贸易自由化可以通过中间品关税减免明显提升进口企业的生产率。其中,进口中间投入品关税降低导致其成本更低,通过种类效应、学习效应、质量效应提高了企业生产率；最终品关税降低主要是通过进口竞争来提高企业生产率,相比较而言,中间投入品关税削减的作用效果更大。

其次,一些学者利用匈牙利、哥伦比亚、中国、印度等国家企业层面的数据也对贸易自由化、进口关税削减的作用影响进行研究,结论也大体类似,贸易自由化主要通过进口产品的渠道提高企业生产率(Bas 和 Strauss – Kahn,2014;余淼杰,2010,2011;Topalova 和 Khandelwal,2011)。除对企业生产率产生影响外,贸易自由化也会对国内新产品种类范围的扩展具有促进作用(Goldberg el al.,2010)。Goldberg 等(2010)研究发现更低的中间投入品关税可以解释约31%的本国国内新产品增加,并且贸易自由化对其生产率提升的作用程度也因企业差异性有所不同。进口对企业生产率的影响中价格效应的发挥也依赖行业出口依存度有所不同(张翊等,2015)。

Yu(2015)研究了中间品和最终品关税对中国制造业企业出口的影响。两种关税削减都会对企业生产率产生提升的作用。然而,对加工贸易企业的作用更小。Fan 等(2017)研究发现进口关税降低将会降低产品的边际成本,进口更多产品的企业中该效果更加明显,并且该效果在一般贸易企业中体现得也更为明显。

此外,贸易自由化除了对企业生产率、新产品创新产生影响以外,还会影响到出口参与、出口额、企业投资、企业价格加成等因素(Bas,2012;Chevassus – Lozza et al.,2013;Kandilov 和 Leblebicioglu,2012;Fan et al.,2017)。围绕着贸易自由化对中国企业的影响,也有许多学者进行了研究。研究发现贸易自由化会对企业出口参与、出口贸易强度、研发创新、企业成长等因素产生积极的影响(毛其淋和盛斌,2013,2014,2015;田巍和余淼杰,2013;Bloom et al.,2016;Tian 和 Yu,2015)。

也有研究发现,关税下降将会带来对创新活动两方面不同的作用,其一,进口中间品更容易使得创新活动的成本下降从而促进创新。其二,进口外国的中间品更便宜而不利于创新。利用中国加入世贸组织前后的企业层面数据研究表明,关税下降反而导致更少的创新活动(Liu 和 Qiu,2016)。

以上文献中衡量贸易自由化主要是采用进口产品关税削减,也有部分文献利用取消进出口限额制度和双边贸易自由化协定来反映贸易壁垒降低和贸易自由化(Khandelwal et al.,2013;Breinlich,2014)。同时,许多文献采取不同的方式来构建进口关税削减的工具变量,例如,采用贸易自由化进程类似的其他国家关税作为本国的进口关税削减的工具变量(Hu 和 Liu,2014)。

(三) 贸易转型升级的相关文献

贸易转型升级是一个相对宽泛的概念,目前尚未有学者对其进行严格的定义。贸易转型升级含义不仅涉及贸易格局由"为了出口而进口"的传统贸易格局转换到"出口中间产品和最终产品"的新贸易格局(邢斐等,2016),也涉及贸易方式转型、技术质量升级。

首先,贸易转型升级往往会带来较重要的影响,如对就业、对国内完全技术含量。贸易方式转型会对就业结构变化产生影响,低端劳动密集型的加工贸易比重与当地制造业就业占比呈显著正相关,近年来全国尤其是东部地区加工贸易比重的下降带动了当地制造业熟练劳动力比重的上升(马光明和刘春生,2016)。马述忠等(2016)研究发现一般贸易出口增速高于加工贸易出口增速,一般贸易出口占比持续提升,一般贸易占比的提升对就业具有负向影响。贸易转型和技术升级对出口产品国内完全技术含量具有重大影响(齐俊妍和王岚,2015)。

其次,加工贸易转型也成为我国外贸发展中的重要特征(汤碧和陈莉莉,2012;许南和李建军,2010)。Van Assche(2016)认为中国加工贸易出口升级主要是通过三类途径:其一,专业分工于更加技术密集型的行业(产业升级);其二,专业分工于更加技术密集型产品条线(质量升级或者产品升级);其三,专业分工于更加技术密集型的生产任务环节(功能升级、Functional Upgrade)。该文献中区分了纯组装贸易方式(PA)和进口再组装贸易方式(IA),这两者对于进口中间品的控制权有所不同。这里的纯组装贸易方式更接近国内研究中的"来料加工",而进口再组装贸易方式更接近"进料加工"。在进口再组装贸易(IA)模式下,需要企业拥有较高技术的生产能力,企业需要自己挑选供应商、管理供应关系、管理存货物流、监督质量控制环节。产品种类的 IA 贸易份额的提高也被理解为生产功能升级的标志。

Lu 等(2016)研究发现哥伦比亚企业会依据企业生命周期不同以及宏观经济环境的不同来更换进口产品范围,调整和转换进口产品种类会促进企业使用质量更优的外国投入品,也就成为企业生产率提高的一种来源。随着企业年龄越大,企业使用的投入品数量越多,则进行进口产品转换的行为越少。质量更优的产品被淘汰替换掉的概率越小。进口产品的替代调整也会导致企业销售额的增长。可见,不仅在出口供给端存在产品转型和升级,在进口中间品的环节也会存在产品的转换替代,企业逐渐在进口市场上搜寻到更优质、更合意的投入品。从某种程度上说明进口产品环节也可能存在产品的转型升级。

另外,部分学者研究了影响贸易转型升级的因素。例如,Bustos(2011)分析了自由贸易协定的签订对企业技术升级的影响,贸易一体化会导致技术和贸易双向互动;经验研究发现关税降幅更大的行业的企业将会进行更大比例的研发投资。由此可见,贸易自由化也会通过影响企业的研发投资从而影响到技术升级。从产业层面来看,贸易自由化通过进口竞争效应会显著地促进产业结构优化(周茂等,2016)。贸易自由化的作用原理在于贸易自由化将会带来企业进口竞争,企业层面的经验研究表明,企业进口竞争和产品质量之间存在显著的正相关关系(Fernandes 和 Paunov,2011)。

Bas 和 Strauss – Kahn(2015)分析了投入品贸易自由化对于贸易产品价格的影响,发现投入品关税下降反而会导致进口中间品的价格增加;并且将会提高出口产品的价格和质量。贸易自由化会促进企业对其进口投入品质量和出口产品质量进行升级。这是由于关税下降后,企业更倾向于选择更高质量的产品,进口品价格自然更高,也更有利于促进高效率企业全要素生产率的增长(简泽等,2014)。类似地,来自 OECD 国家的中间品比非 OECD 国家的中间品更容易促进企业出口(Feng et al.,2016)。贸易自由化会降低进口高质量中间产品的贸易成本和相对价格,促进企业进口中间品质量升级。施炳展和张雅睿(2016)发现伴随着关税水平下降,整体上,中国企业进口中间品质量存在提升,而且,一般贸易企业增长速度远快于加工贸易企业。同加工贸易相比,关税下降1%一般贸易进口中间品质量增长高出 0.06% ~ 3.74%。

也有研究认为贸易自由化对产品质量升级的影响也依赖其他因素,例如,产品技术与技术质量前沿的距离。Amiti 和 Khandelwal(2013)利用跨国数据分析发现进口关税将会影响到产品质量升级,研究发现更低关税将会促进那些离技术前沿很近的产品的质量升级,但是更低的关税将会不利于离技术前沿很远的产品的质量升级。这说明进口竞争具有分化差异的作用,使"强者趋强""弱者趋弱"。汪建新（2014）利用中国企业层面数据也得到类似的研究结论。Fan 等（2015）研究发现，进口产品关税削减会导致企业出口产品质量的提高。

殷德生等（2011）构建了关于产品质量升级的贸易均衡模型，通过模型分析得到，贸易开放会通过贸易成本下降促使产品质量升级，也会通过进口中间产品带来技术溢出效应和规模经济，从而激发发展中国家的模仿创新能力和发达国家的研发创新能力实现提升产品质量的目的。随后，殷德生（2011）实证研究发现，单位贸易成本下降会显著促进中国出口产品质量提升。

以上实证研究主要涉及产品质量升级等方面，而有关贸易方式转型较少。Brandt 和 Morrow（2017）研究了中国进口关税下降对一般贸易出口和加工贸易出口模式选择的影响，研究发现，在行业层面的进口关税下降将会增加一般贸易的出口份额，并且主要是通过出口的拓展边际实现的。彭冬冬和杜运苏（2016）将贸易方式选择和融资约束纳入异质性企业贸易模型中，分析了中间品贸易自由化、融资约束对于企业贸易方式的影响。分析发现，中间品贸易自由化会影响企业选择一般贸易出口方式，并且企业的外部融资约束依赖度越高，则其效果越明显。

还有不少文献从汇率、劳动力成本、创新能力等其他角度分析影响贸易转型升级的因素（冯永琦和裴祥宇，2014；马光明，2014；任志成和戴翔，2015；孔伟杰，2012；Xing，2016）。上述文献主要是从生产角度分析贸易自由化如何影响企业产品质量升级，也有部分文献从出口市场的角度分析影响贸易转型升级，戴翔（2011）研究发现出口企业以发达经济体作为主要出口市场将更有利于出口贸易的转型升级，而且实现转型升级通常也需要企业进行研发创新。不同贸易方式的企业进行研发投资决策有所不同，吕大国和沈坤荣（2016）发现相比于不出口企业，出口企业选择研发的概率更高。一般贸易出口企业选择研发的概率高于混合贸易出口企业和加工贸易出口企业，混合贸易出口企业选择研发的概率高于加工贸易出口企业。

另外，研究分析促进贸易方式转型的因素，也会涉及研究企业愿意选择不同贸易方式进行出口的原因。不少学者分别从政府补贴、信贷约束以及企业生产率等方面分析选择加工贸易方式的原因。

加工贸易是我国对外贸易中重要的构成部分，而且，加工贸易也构成了我国外贸主要特征。在中国，大约20%的出口企业完全从事加工贸易，这些加工企业的生产率比非出口企业更低（戴觅等，2014；Wang和Yu，2012），并且跨国公司附属出口企业的生产率也反而比非出口企业更低（Lu et al，2010）。加工贸易出口面临更低的出口固定成本（Gao et al.，2014）。除生产率、成本等因素外，同时还有来自政府补贴等因素也可能影响出口贸易方式选择。Defever和Riano（2012）认为对外商直接投资的优惠补贴、设立自由贸易区等主要的政策优惠是促进加工贸易企业发展的原因。并且，加工贸易企业获得补贴的同时必须出口其大部分的产品到国外市场。因而，这也就造成了中国外贸部门中存在两种不同的贸易方式结构（Defever和Riano，2017）。

Manova和Yu（2016）研究发现企业利润、盈利能力和工业增加值都随着企业贸易方式类型不同而有所差异，流动性约束较低以及生产率更高的企业更容易选择一般贸易出口。即使在加工贸易内部，更有效率、财务状况更为稳健的企业也会选择进口再组装贸易（IA），而非纯组装贸易（PA），信贷约束会影响选择企业的加工贸易出口类型。张杰等（2013）也得到类似的结论。除了信贷约束的影响以外，政府实行的差异化退税税率也导致了加工贸易发展迅速（范子英和田彬彬，2014）。

纯组装贸易模式下最终产品生产厂商会对零部件购买进行投资，而在进口再组装贸易模式下，负责组装的中间厂商会对零部件购买进行投资，企业生产效率的差异是导致其选择不同贸易模式的主要原因。陶攀等（2014）利用中国数据考察了纯加工贸易企业、一般贸易企业以及混合贸易企业在出口决定因素上的异同。研究表明，企业生产率的提高对纯加工贸易企业的出口存在显著的抑制作用。鲁晓东等（2016）研究发现生产率对于企业一般贸易出口和加工贸易出口的作用方向截然不同，全要素生产率提高会增加企业的一般贸易出口倾向，而加工贸易出口决策中，生产率与企业出口倾向呈现负相关。

同时，通常加工贸易企业也类似于一种间接出口模式，将开拓销路和市场的环节委托给其他企业。Bai等（2015）构建了在成本和需求方面的出口学习效应的模型，研究发现需求和生产率在直接出口模式下增长进步更有利。这也从侧面说明加工贸易类型存在的不足和弊端。另外，也有不少文献从全球价值链、生产外包的角度来分析加工贸易。因此，加工贸易的弊端和不足从价值链测算的角度显得更加明显,有较大一派文献主要研究价值链和全球生产网络中的贸易增加值(Koopman et al.,2012;Yi,2003;唐东波,2012;Kee and Tang,2016)。Koopman 等(2012)认为加工贸易的大量存在会影响到贸易增加值的估计,因此构建了计算国内增加值的方法,并且利用中国数据估算后发现,中国加入 WTO 之前出口贸易中国内成分所占份额大约为 50%,而在加入 WTO 之后该占比上升为 60%。不同行业的国内增加值份额有所不同,其中电气设备等技术复杂度较高的行业其反而只有甚至不到 30% 的国内增加值份额。

(四) 中间品贸易与企业生产率相关文献

国际贸易中结构占比较大的中间品贸易尤其受到学术界关注。通常认为,进口中间品作为母国技术知识的物质载体是影响全要素生产率的重要因素(Romer,1990;Grossman 和 Helpman,1991;Amiti 和 Konings,2007;Goldberg,2010)。目前大量实证研究验证了进口中间品对全要素生产率的影响,大部分研究结论都支持进口中间品会有助于企业全要素生产率提升(Amiti 和 Konings,2007;Halpern 等,2009)。

另外,国内部分学者更侧重于探究进口中间品促进全要素生产率的机制,通常其影响主要被归纳为学习效应、种类效应和价格效应等几种不同的效应机制。其中,叶建亮和杨滢(2010)研究发现,进口对企业技术进步具有显著的促进作用,并且主要是通过学习效应和选择效应。张翔等(2015)构建了反映进口中间品通过数量、种类以及价格效应影响企业全要素生产率的理论模型框架。魏浩等(2017)侧重于从来源地分析中间品对企业全要素生产率的影响,研究发现,中间品进口来源地数目增多、进口来源地集中度下降有利于企业全要素生产率的提升。进口种类多样化带来的生产互补机制可以提升企业生产率,价格成本节约效应机制并不明显。并且,进口中间品的质量和来源地以及贸易方式的差异也会对进口企业产生截然不同的作用。也有部分学者的实证研究发现,进口中间品质量显著提升了企业全要素生产率(林正静和左连村,2017;李淑云和幕绣如,2017)。黄新飞(2018)研究发现,中间投入品的进口贸易存在对中国企业生产率的即期效应与长期影响。

也有部分学者关注了中间品贸易对进口企业创新和存续等企业经营表现绩

效。魏浩等（2019）分析了来自美国的进口竞争影响了中国企业的创新表现。纪月清等（2017）首先通过构建理论分析框架对进口中间品、技术溢出与企业出口产品创新的作用机制进行分析，研究发现，进口中间品的水平和垂直技术溢出效应均会对企业出口产品创新具有显著的正向影响。耿晔强和郑超群（2018）利用中国微观企业数据研究发现，中间品关税下降会促进企业创新，尤其进口多样性提高会强化中间品贸易自由化对企业创新的作用。杨晓云（2014）实证研究验证了进口中间品多样化将通过"学习效应"和"互补效应"两种渠道同时促进企业产品创新能力。刘海洋等（2017）研究了进口中间品对企业生存时间的影响以及机制，研究发现进口中间品显著延长了企业生存时间。

关于进口中间品对行业层面生产率和宏观层面经济增长的影响的文献，孙少勤和娄曼（2018）利用使用行业层面的数据研究了进口产品种类变化对全要素生产率的影响作用，研究发现进口产品种类的增加将推动制造业全要素生产率的提升。姜青克等（2018）利用跨国行业层面的数据研究发现，从外国进口的中间品通过技术溢出对全要素生产率具有显著的正向影响，尤其是行业间中间品对生产率有显著积极影响。

三、研究思路和方法

（一）研究总体思路

本研究的研究思路：在异质性企业贸易理论的基础上分析贸易自由化通过影响出口企业选择不同贸易方式以及贸易方式转型的临界生产率水平，从而对企业贸易方式转型产生影响。并且，本研究还区分了关税削减包含的进口投入品关税削减和产出关税削减，试图区分进口贸易自由化所带来的竞争效应和进口品质量效应，分别考察其对贸易方式转型的作用机制。主要采用实证分析方法对贸易自由化对出口企业贸易方式的选择、贸易方式的转型以及行业层面贸易方式转型的主要效应机制进行分析。

(二) 研究内容的结构和方法

本研究首先分析了我国贸易自由化的进程和贸易方式转型的现状,其次分别从企业贸易方式的状态选择、贸易方式动态转变以及行业层面贸易方式转型的角度分析了贸易自由化伴随的关税削减对贸易方式转型的影响。本研究框架结构如下：

具体来说,主要研究内容分为五部分：第一部分,分析关税削减对贸易方式选择的影响。进口投入品关税下降可能导致企业进口成本降低或更容易进口更优质的外国产品,从而提高了本国企业生产率。企业生产率的异质性将导致其选择不同出口贸易方式。贸易自由化伴随的关税减免使企业生产率提升,而不同企业生产率提升后,其选择的贸易方式也有所不同。贸易自由化使企业生产率提升后,使出口企业会倾向选择更高级的贸易方式的概率更大。因此,这一部分主要验证贸易自由化对于出口企业贸易方式选择的影响,并且检验其是否通过企业生产率发挥作用。

第二部分,前面一部分重点分析了企业进口产品关税削减对出口企业贸易方式选择的影响。主要是分析贸易自由化对出口企业贸易方式选择的静态影响,而这一部分则试图分析贸易自由化对出口企业贸易方式动态转变的影响,具体而言,是分析其对原先的纯加工贸易和混合贸易出口企业能否分别转变为混合贸易以及一般贸易出口的影响；以及分析对混合贸易出口企业中一般贸易出口份额的影响。

因此,本部分主要采用实证分析贸易自由化促进出口企业贸易方式转变的作用。本研究将出口企业贸易方式转型细分为以下两类：其一,原先的纯加工贸易、混合贸易出口企业向着贸易方式更高级的方向转变；其二,兼有两种贸易方式的混合贸易出口企业中一般贸易份额比例越来越大。前者则主要反映了出口企业贸易方式在拓展边际上的动态转变,而后者主要反映了出口企业贸易方式在集约边际上的转变。

第三部分,上文中两个部分重点分析贸易自由化对企业层面贸易方式选择和转型的作用。在这一部分则主要区分贸易自由化所带来的产出关税下降和投入品关税下降的作用,并进一步分析进口关税下降所带来的竞争效应和进口产品质量技术溢出效应。

投入品关税下降将会降低进口中间品的成本或者进口外国质量更好、多样化更高的产品从而产生产品质量技术溢出效应。获得更多技术溢出后行业内的企业则会减少对加工贸易方式获得产品技术的依赖，从而会选择更具有自主性、更高国内附加值的一般贸易模式。另外，贸易自由化也降低了外国产品的相对价格，从而对国内的生产厂商造成更为激烈的市场竞争，从而带来竞争效应。行业内的竞争效应使企业更倾向选择高利润附加值的一般贸易方式进行出口。究竟是技术溢出效应还是竞争效应是主要促使贸易方式转型的重要因素仍值得继续探究。这一部分将主要从行业层面和产品层面分析贸易自由化促进出口贸易方式转型的效应机制，并区分其中不同的效应机制的作用影响。

第四部分，构建了考虑贸易关系差异性的理论模型，将出口学习效应来源进一步具体到企业出口贸易关系上，进而分析不同类型贸易关系对企业层面生产率的影响。企业主要通过与贸易伙伴建立贸易关系来接触了解外国市场的需求、标准和技术，贸易关系成为了承载企业出口中学习、获得技术扩散溢出的重要形式，从而影响到企业生产率，实证分析了不同贸易方式对企业生产率的作用。

第五部分，刻画了外部风险冲击下的贸易关系建立与解除的动态过程的理论模型，阐述风险冲击强度与企业利润和绩效之间的关系。结果表明，贸易政策不确定性将会不利于企业使用进口中间品，从而影响到企业利润和企业生产率。并且探讨了不同情况下的具体情形。

研究方法主要采取如下四种：

第一，本研究同时使用定量分析和定性分析相结合的方法进行分析研究。系统地回顾了以往相关研究文献对异质性企业贸易理论、贸易自由化对企业经营表现的影响、贸易转型升级的相关研究进行归纳总结。采用定量分析法和定性分析法描述贸易自由化的进程，构建关税削减的指标来衡量贸易自由化，定量地反映了 20 世纪 80 年代以来中国进口关税降低的过程；并且定性地总结归纳了中国进行非关税壁垒削减以及构建双边和多边自由贸易区协定框架的相关情况。此外，主要采用描述性统计法概括了行业层面、企业层面贸易方式转型的相关信息。

第二，本研究将从不同层面分析贸易自由化对贸易方式转型的影响。其中重点在微观企业层面和产品层面的贸易方式转型。在分析企业层面贸易方式转型时，以异质性企业贸易理论作为理论框架，并构建了包含企业不同贸易方式的异质性企业贸易模型，由此作为微观企业层面进行实证分析贸易自由化对贸易方式转型影响的理论基础。同时，还考虑了贸易自由化促进贸易方式转型在行业层面的影响效果，具体从两分位行业层面和四分位行业层面进行分析。另外，还从产品层面分析关税削减对贸易方式转型的机制效应。产品层面既可以视为企业产品层面的汇总，同时视为宏观行业层面更为具体的细分市场。

第三，本研究还采用了对比分析方法。为了说明不同贸易方式企业的生产率差异性以及贸易自由化背景下不同行业中不同贸易方式企业占比变化，本研究采用对比分析方法。另外，在实证分析部分还采用了分组检验将估计结果进行对比参照。

例如，将出口企业分为纯一般贸易出口企业、混合贸易出口企业和纯加工贸易出口企业。并且，根据企业受到投入品关税削减的影响程度不同进行区分，通过对比关税减让对不同类型的企业的影响进行解释说明。

第四，在实证分析过程中，采用多种计量分析方法进行估计。为了使实证检验的结果更加可靠和具有说服力。本研究采用普通最小二乘估计法、固定效应模型、Probit 模型、工具变量估计法等多种计量方法进行估计。

四、创新点和不足之处

国内外学者关注到贸易自由化伴随的关税削减举措的影响，并且对贸易自由化对企业生产率、出口参与、创新活动等经营表现的影响进行了广泛而深入的研究，但是仍存在以下方面的不足。

第一，文献中对于贸易转型升级问题的研究中，大部分研究文献的关注点在于贸易产品质量的升级，对于贸易转型的研究较少。文献检索中为数不多的研究仅有 Brandt 和 Morrow（2017）、彭冬冬和杜运苏（2016）。Brandt 和 Morrow（2017）是从行业层面说明贸易自由化的影响，在实证研究分析中也是从行业层面分析贸易自由化对于贸易转型的促进作用。彭冬冬和杜运苏（2016）则更侧重于分析融资约束的影响。本研究将从企业层面分析进口产品关税的削减对于企业贸易方式的选择和转型的影响。基于异质性贸易企业模型进行分析,并在企业层面实证检验贸易自由化对于企业贸易方式转型的影响。

以往研究贸易自由化伴随的关税削减对贸易方式转型的影响大多是在行业层面进行分析,而行业协会的存在使得某些特定行业更有实力去与政府政治联系,从而游说影响关税政策的制定。相比较而言,通常企业层面影响到政府制定关税政策的可能性较少,因此,本研究采用由企业层面的进口关税水平来衡量贸易自由化,并且检验企业层面投入品关税削减影响贸易方式选择是否通过企业生产率而发挥作用。另外,考虑到构建当期进口投入品关税指标可能会受到企业进口贸易方式的影响,而我国企业进口的贸易方式和出口贸易方式之间存在一定相关性,为避免这种相关性影响到分析,因此,本研究在稳健性分析中采用了固定年份的进口权重作为构建企业进口投入品关税的权重。

第二,研究贸易转型问题的相关文献中,混合贸易企业一直被忽视。事实上,混合贸易出口企业在进出口企业中占比较大。混合贸易企业不像纯加工贸易企业完全不在国内市场进行销售。混合贸易出口企业既在国内销售产品,同时也进行出口。由加工贸易转变为一般贸易反映了贸易方式转变"质的改变",混合贸易企业中的一般贸易份额比重增加则更多反映了贸易方式转变"量的改变"。本研究从微观企业层面进行研究贸易方式转变,也重点考察了混合贸易企业的转型变化。研究表明混合贸易是企业贸易方式转变的中间状态,这对循序渐进推动贸易方式转型具有较大启示。

第三,本研究还从行业层面和产品层面分析了关税削减对贸易方式转型的影响机制。将关税削减区分为产出关税削减和投入品关税削减,区分关税削减带来的不同效应对于贸易方式转型的影响。同时,本研究还发现关税削减带来的竞争效应和进口产品质量效应影响出口贸易方式的转型。

本研究可能还存在以下不足之处。首先,本研究主要选择关税水平削减来度量贸易自由化。而贸易自由化包含的配额、许可证等非关税壁垒的数据难以获得和量化。这也可能造成本研究更侧重于关税削减这方面,而对非关税壁垒削减影响作用的分析涉及较少。并且,目前主要的 WTO 成员国的关税水平普遍已经较低,进一步推动贸易自由化的着力点可能仍然还在非关税壁垒削减。未来研究方向可能是继续分析非关税贸易壁垒的消除对贸易方式转型的促进作用。

其次,检验关税削减对贸易方式转型的影响作用以及其发挥作用的效应机制时,在企业层面分析关税削减对贸易方式转型发挥作用的效应机制更为合适。本研究没有直接衡量企业层面的竞争效应和成本节约效应,而是选择在行业层面和产品层面分析竞争效应和进口产品质量效应对贸易方式改变的影响。本研究仍然存在不足之处,也是后续研究的重点。

第二章 贸易自由化背景下中国外贸转型发展的特征性事实

一、中国对外贸易转型发展的特征性事实

(一) 一般贸易占据对外贸易比重逐渐增大

改革开放以来,我国政府逐步出台了一系列有利于加工贸易发展的政策措施,抓住国际产业结构调整的有利时机,利用劳动力资源优势承接发达国家产业转移,大力发展加工贸易。加工贸易逐渐在我国外贸方式结构中占据非常重要地位。尤其在东部沿海省份外贸方式结构中,加工贸易额几乎占据一半以上。由图2.1可知,1981~1999年我国加工贸易进出口额比重一直不断上升,1999年以后,加工贸易进出口额比重逐渐下降,尤其在2008年降幅非常明显。1999年加工贸易进出口额比重为51.15%,到2011年比重逐渐下降为35.84%。2015年,中国一般贸易出口额为12157亿美元,增长1.0%,占出口总额的53.4%。这说明从贸易总额上看,加工贸易在20世纪八九十年代经历了其发展的黄金时期。进入21世纪后,我国继续深化贸易自由化进程,与此同时,加工贸易转型逐渐成为政府着手优化对外外贸结构的主要任务,加工贸易逐渐开始转型,其占外贸总额比重逐渐下降,一般贸易进出口比重逐渐上升。

由图2.1可知,1999年以后中国经济面临的国内经济环境和外部国际经济环境都在悄然发生改变。以低端组装加工为主要特色的加工贸易逐渐面临着转型压

力,部分企业贸易方式逐渐开始转型,加工贸易进出口额比重逐渐下降。另外,出口企业中不同贸易方式的出口企业数量占比也反映了类似的情况。从事一般贸易出口企业的数量占比不断上升。由于现有的贸易企业数据大多来自海关数据库,本研究所采用的微观数据也是采用海关数据库,微观企业贸易信息的年份主要集中在 2000~2006 年,这也可以作为经济现象的典型特征事实。

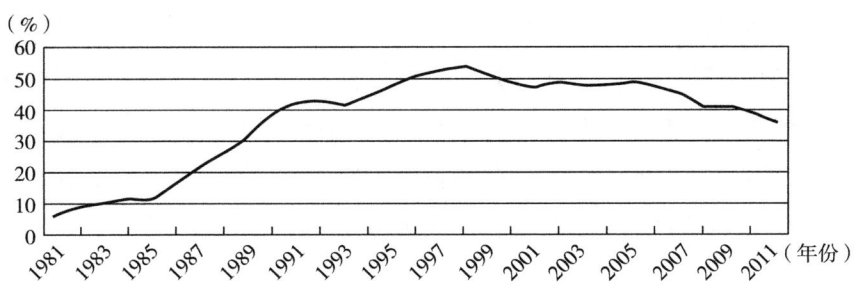

图 2.1　加工贸易进出口额比重

资料来源:根据海关统计信息汇总统计而得。

由图 2.2 可知,2000 年纯一般贸易出口企业数量占总出口企业数之比为 44.6%,2005 年该比重上升为 60.5%;而 2000 年仅以加工贸易出口企业数占比为 24%,2005 年该比重下降为 14.4%。值得注意的是,海关数据中还统计了同时以一般贸易和加工贸易出口的企业,此类混合贸易出口企业数占比在 2000 年

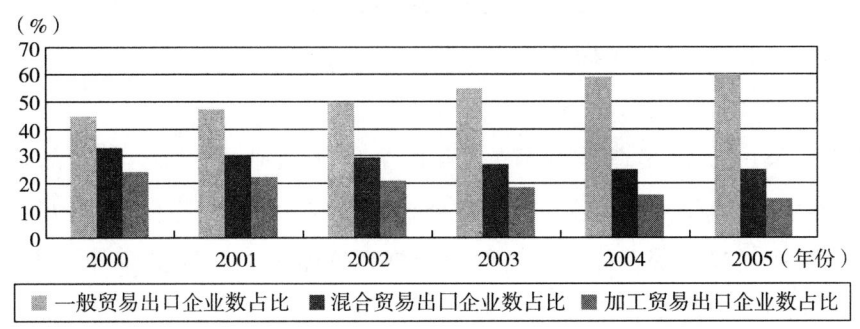

图 2.2　不同贸易方式出口企业占出口企业总数之比

资料来源:根据海关数据库信息统计得到。

为33%，到了2005年该占比也下降为25.1%。由此可见，出口企业中从事纯一般贸易出口企业的比例在逐渐变大，而从事纯加工贸易出口企业和混合贸易出口企业的比例在逐渐变小。

另外，从更加具体的制造业各个行业来看，2000～2005年大部分行业中纯一般贸易出口企业数占比数量都处于上升的趋势，其中行业代码为16的烟草业趋势并不太明显。因为烟草行业属于政府管控行业，具有独特的优势，受外贸影响不明显。而纺织业（17）、纺织服装和服饰业（18）、皮革制鞋业（19）、木制品加工业（20）、家具制造业（21）、化纤制造业（28）等劳动密集型产业出现更为明显的趋势（见图2.3）。劳动密集型行业中出口企业以纯一般贸易方式出口的比例在逐渐增大，说明劳动密集型行业出现了较为明显的外贸方式转型，由纯加工贸易出口企业占据更大比重逐渐变为纯一般贸易出口企业占据更大比重。

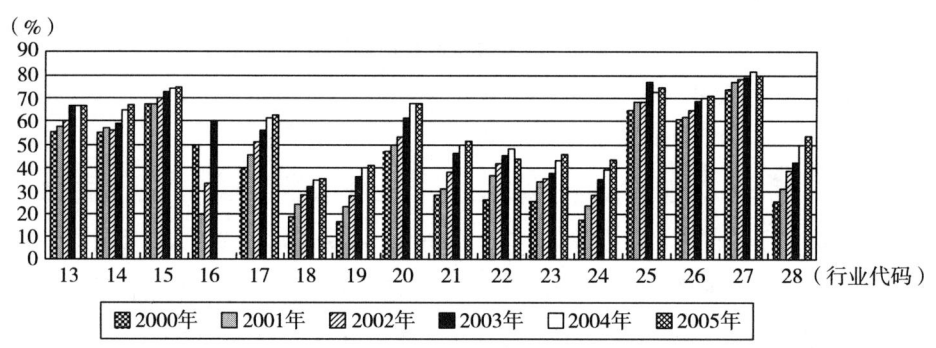

图2.3 各行业纯一般贸易出口企业占全部出口企业比重（1）

资料来源：根据海关数据库信息统计得到。

另外，黑色金属制造业（31）、有色金属制造业（32）、金属品制造业（33）、通用设备制造业（34）、专用设备制造业（35）、汽车制造业（36）、运输设备制造业（37）等行业也有类似的趋势（见图2.4）。由此可知，从具体行业来看，2000～2005年，出口纯一般贸易出口企业数量在不断上升，这说明越来越多的出口企业选择纯一般贸易方式出口。

图2.5和图2.6描述了2000～2005年制造业各行业出口企业中纯加工贸易

出口占比,由图可知,除烟草业外,大部分行业在 2000~2005 年,纯加工贸易企业的占比在不断下降,其中只有行业代码为 13、14、15、20、27、29、35、36、37、40、41 的趋势不太明显。其中 13~16、20 大多是食品加工制造等轻工业。27、29、35、36、37、40、41 大多为资源密集型行业和技术密集型行业。这说明在食品加工制造业、资源密集型以及技术密集型行业的贸易方式转型并不明显。这有可能是由于这些行业对资本和技术要求较高,本身加工贸易企业比重较低。

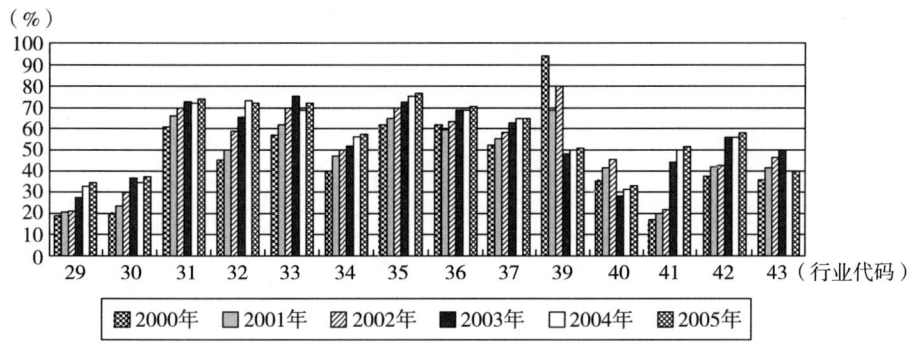

图 2.4　各行业纯一般贸易出口企业占全部出口企业比重(2)

资料来源:根据海关数据库信息统计得到。

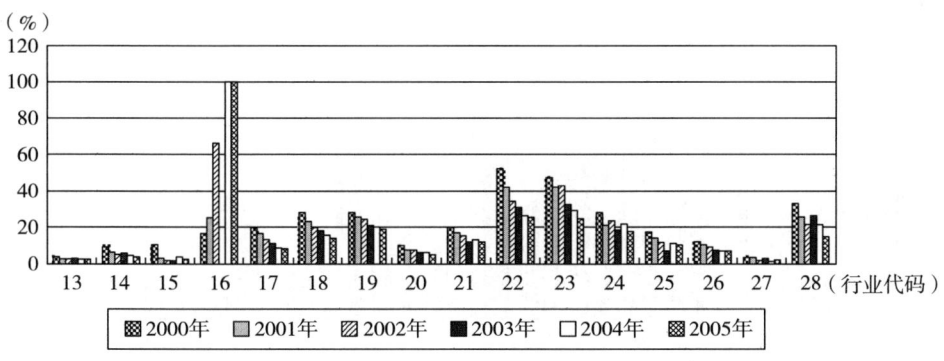

图 2.5　各行业纯加工贸易出口企业占全部出口企业比重(1)

资料来源:根据海关数据库信息统计得到。

图 2.6 是关于制造业各行业纯加工贸易出口企业占全部出口企业比重。由图

2.5 和图 2.6 可知，不同行业的纯加工贸易企业占比份额有明显差异。

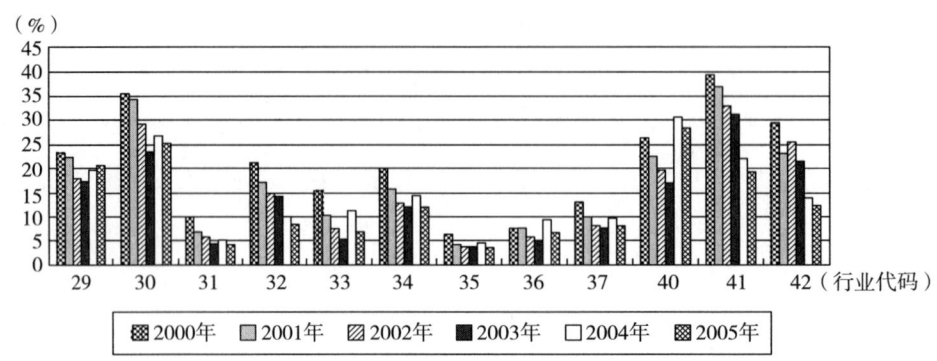

图 2.6 各行业纯加工贸易出口企业占全部出口企业比重（2）

资料来源：根据海关数据库信息统计得到。

图 2.7 和图 2.8 反映了 2000～2005 年制造业各行业混合贸易出口企业占出口企业总数量的比重。由图 2.7 和图 2.8 可知，部分行业中混合贸易企业数量占比在不断下降，如行业代码为 17、19、20、21、24 等劳动密集型行业，以及行业代码为 29、30、31、32、33 等资源密集型行业，反而 35、36、37、39、40、41 等技术密集型行业的混合贸易企业数量占比变化不太大。这也说明了混合贸易出口企业在不同行业存在明显的差异。

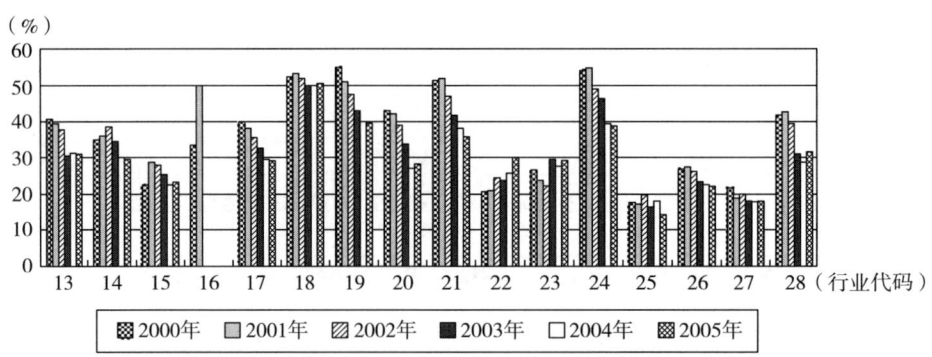

图 2.7 各行业混合贸易出口企业占全部出口企业比重（1）

资料来源：根据海关数据库信息统计得到。

除出口贸易中一般贸易占比在不断增加以外,进口贸易中一般贸易占比也在不断增加。图2.9和图2.10反映了各个行业内纯一般贸易方式进口企业占总出口企业数量之比。由图2.9和图2.10可知,大部分行业的纯一般贸易进口企业数量占比在不断增加,尤其是从2003年开始,进口企业中纯一般贸易的比例大幅上升。2002年中国加入了世界贸易组织,并在2002~2004年大幅削减进口关税。那么,这可能是导致加工贸易方式在关税上的优势不再明显,纯一般贸易方式也可能成为企业选择的方式的主要原因。

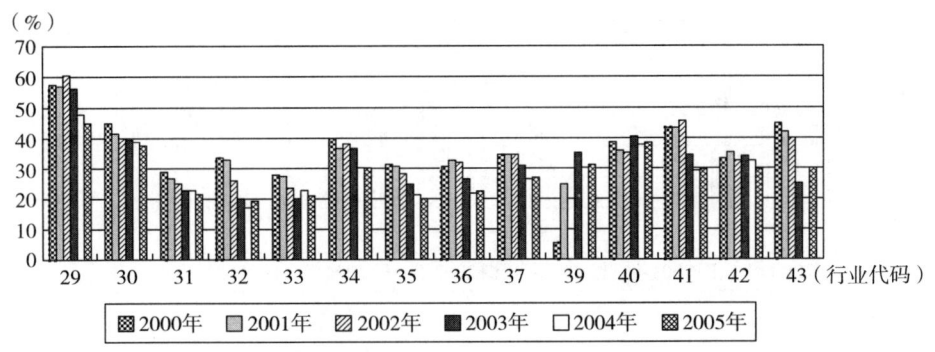

图2.8　各行业混合贸易出口企业占全部出口企业比重(2)

资料来源:根据海关数据库信息统计得到。

另外,2004年7月,我国政府对外贸经营权进行改革,所有外贸经营主体外贸经营权由审批制改为备案登记制,开始全面放开外贸经营权,个人履行法定程序后也可从事外贸经营。这样也就大大地降低了企业参与国际贸易的门槛。前文关于进出口企业的统计信息也表明,2004年以后,参与进出口的企业数量大幅增加,并且很大一部分新增出口企业以纯一般贸易方式进出口。

由图2.9和图2.10可知,从2003年开始,大部分行业的纯一般贸易进口企业数量占比有明显的提升。这可能是由于2001年年末,中国开始加入WTO,随后的两三年内中国政府按照入世谈判协议开始削减进口产品关税,由此进口产品关税开始逐渐下降。相比于过去较高进口关税的情形下,加工贸易方式在进口关税削减后的关税成本节约的优势也就逐渐变得不再突出,相比之下,这可能会导致通过一般贸易方式进行进口产品的可能性更大。

由图2.9和图2.10还可以看出,2003年以后,进口企业中通过纯一般贸易方式进口产品的企业比例逐渐增加。其中,行业代码为17、18和19的纺织服装和服饰业、皮革制鞋业的比例较小,纯一般贸易企业占比的平均值大约为10%。这说明,纺织服装类等劳动力密集型行业内以纯一般贸易方式进行进口产品的企业较少。

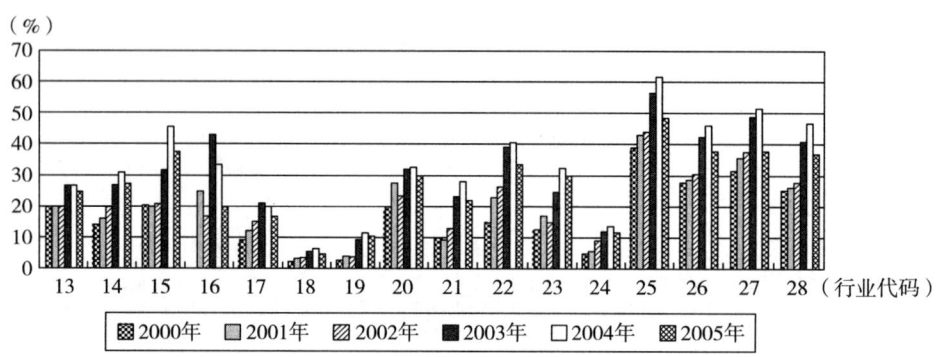

图2.9 纯一般贸易方式进口企业占全部进口企业比重(1)

资料来源:根据海关数据库信息统计得到。

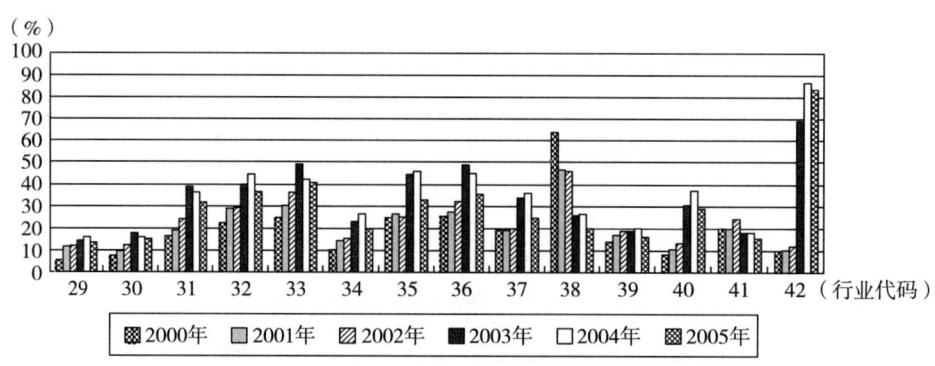

图2.10 纯一般贸易方式进口企业占全部进口企业比重(2)

资料来源:根据海关数据库信息统计得到。

由图2.11和图2.12可知,尽管纯一般贸易进口企业所占比例偏低,大部分行业中混合贸易进口企业所占比例大约处于40%。并且，从整体上看，2000～2005年，除纺织服装（17）和服饰业（18）、皮革制鞋业（19）以外，大部分行业的混合贸易进口企业所占比例在逐渐下降。

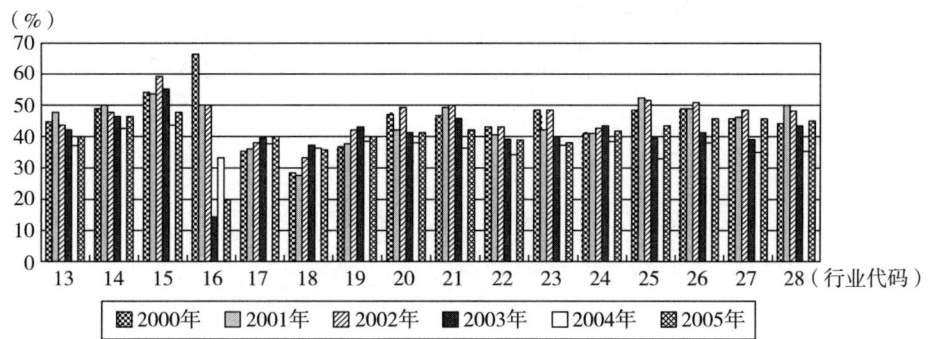

图 2.11　混合贸易方式进口企业占全部进口企业比重（1）

资料来源：根据海关数据库信息统计得到。

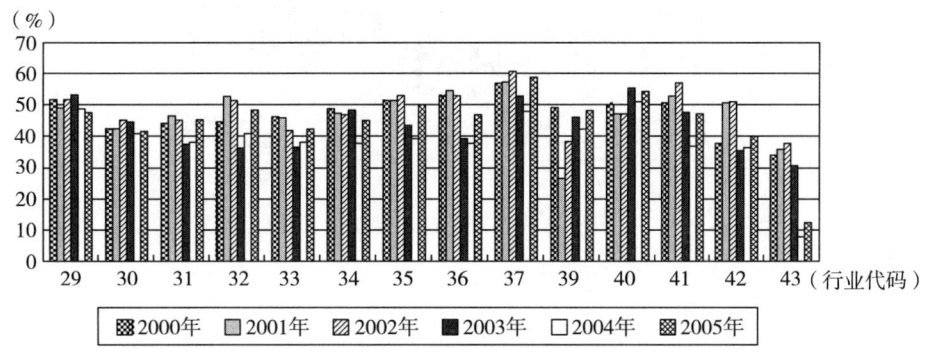

图 2.12　混合贸易方式进口企业占全部进口企业比重（2）

资料来源：根据海关数据库信息统计得到。

由图 2.13 和图 2.14 可知，整体上看，2000～2005 年纯加工贸易方式进口企业占比不断下降。其中，较为明显的是纺织服装和服饰业、皮革制鞋业等劳动密集型行业，其纯加工贸易进口企业所占比重在不断下降。从不同行业的进口贸易方式企业占比数据可知，中国的劳动密集型行业中以纯一般贸易方式进口的企业较少，以纯加工贸易方式进口的企业较多，并且加工贸易进口企业数占比也在不断下降。

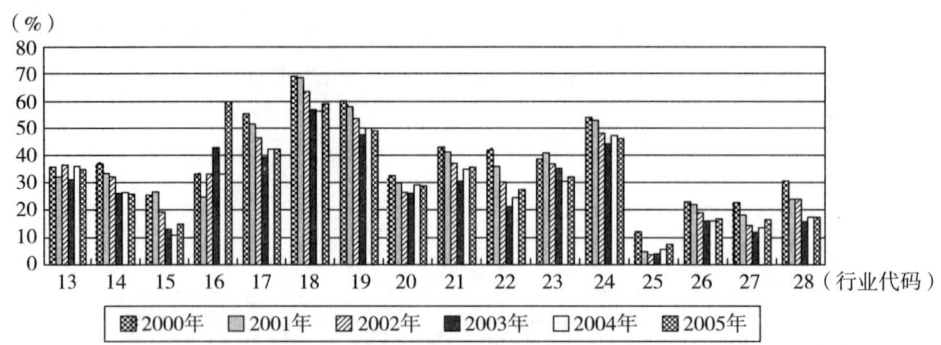

图 2.13 纯加工贸易方式进口企业占全部进口企业比重（1）

资料来源：根据海关数据库信息统计得到。

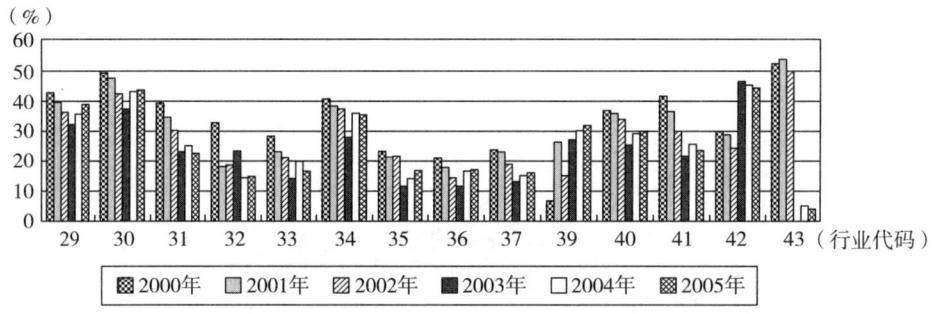

图 2.14 纯加工贸易方式进口企业占全部进口企业比重（2）

资料来源：根据海关数据库信息统计得到。

上文中反映了进口环节中也存在贸易方式的转变，纯加工贸易进口企业占比也在逐渐变小。并且，不同行业的纯加工贸易进口企业占比下降的幅度有所不同。下面本文将按照行业的技术水平高低将制造业行业进行分类①，考察不同技术水平的行业中进口贸易方式变化趋势。

从图 2.15 可知，无论是低技术水平行业，还是中高技术水平行业，2000~

---

① 各行业技术水平的划分是参考了 OECD 中关于行业分类的标准，同时参考了丁小义（2008）中的方法。低技术行业的行业代码分别是 13、14、15、16、17、18、19、20、21、22、23、24，其中中技术行业分别是 25、26、28、29、30、31、32、33、34、35、36、37，包含了中低技术水平和中高技术水平；其中高技术行业分别是 27、39、40、41、42。

2005年纯一般贸易进口企业数量占比不断上升。其中，中等技术水平行业的纯一般贸易企业进口占比数值最大。最为明显的是2003年以后，不同技术水平行业的一般贸易进口企业数量占比都明显提高，2005年一般贸易进口企业数量占比稍微有所下降。这说明中等技术水平行业中纯一般贸易进口企业比重最大。

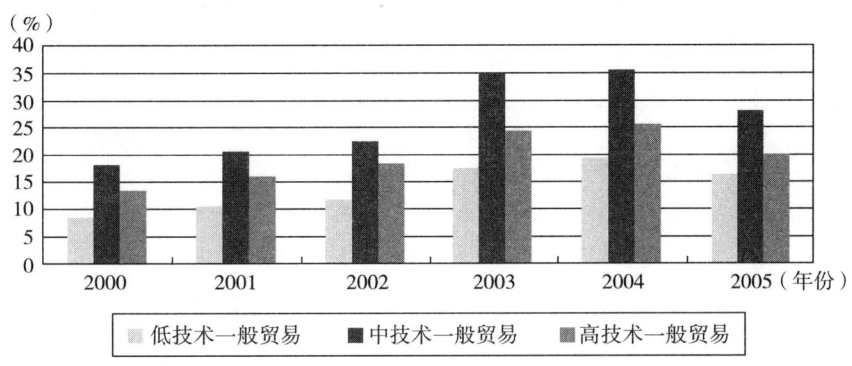

图2.15　不同技术水平行业中纯一般贸易进口企业占比

资料来源：根据海关数据库信息统计得到。

由图2.16可知，整体而言，2000～2005年混合贸易方式进口企业数量占比均有所下降，其中，低技术水平行业中混合贸易进口企业占比下降的幅度变化较小，较为明显的是中技术水平的行业、高技术水平的行业中混合贸易进口企业占比，尤其是2003年和2004年均存在明显的下降趋势。这可能是由于进口产品关税削减后，中、高技术水平行业的企业更容易从关税削减中获得成本减少的效果，混合贸易进口企业数量占比开始下降。由于混合贸易类型中既包括了一般贸易方式进口，也包括了加工贸易，所以，其变化趋势可能还混杂了两种贸易方式的趋势。

图2.17反映了2000～2005年纯加工贸易进口企业占比变化趋势，由图可知，整体而言，当不同技术水平的行业都经历关税下降过程时，纯加工贸易出口企业占比数量在不断下降，其中最为明显的是低技术水平行业的纯加工贸易进口企业占比下降更大。并且，低技术行业中纯加工贸易进口企业数量占比更高。这说明了在低技术行业中以纯加工贸易方式进行进口的比重更大。

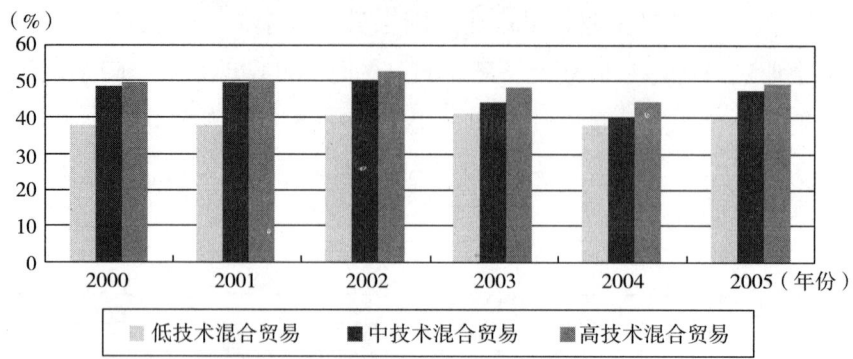

图 2.16　不同技术水平行业中混合贸易进口企业占比

资料来源：根据海关数据库信息统计得到。

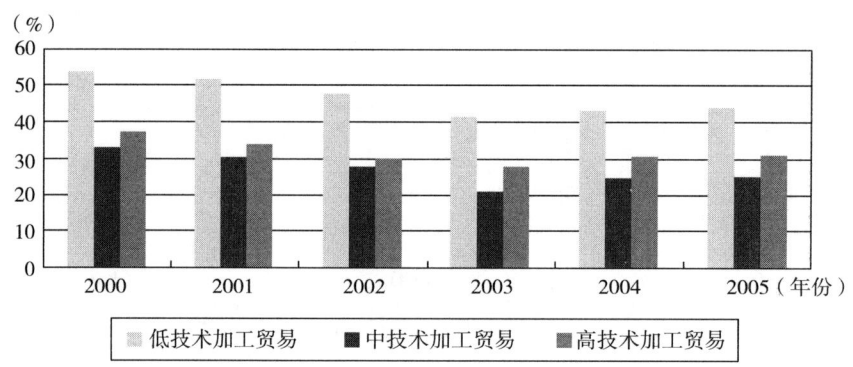

图 2.17　不同技术水平行业中纯加工贸易进口企业占比

资料来源：根据海关数据库信息统计得到。

（二）企业出口贸易方式的动态转换明显

一方面，由上文可知，一般贸易出口企业数量占比在不断上升；另一方面，企业出口贸易方式也并非一成不变。国际市场环境是不断变化的，出口企业也面临着不同贸易方式选择，很可能原先某种贸易方式的企业在后一期转化为另一种贸易方式。图 2.18 反映了 2001 年出口企业贸易方式动态转换情况。由图中可知，前一期以纯一般贸易出口企业在下一期仍然有 72.6% 比例保持原有贸易方式出口；7.26%的企业在下一期转为混合贸易出口；19.8%的企业退出出口市场。类似地，前一期以纯加工贸易出口企业在下一期仍然有71.2%的企业保持原有贸易方式；12.1%的企业在下一期转为混合贸易出口；15.7%的企业转而退出出口市场。前一期以混合贸易出口企业在下一期仍然有75.3%的比例保持原有贸易方式出口；约7.1%的企业转为纯加工贸易出口；约11.5%的企业转为一般贸易出口；约6%的企业转而退出出口市场。由此可见，三种贸易方式的出口企业均可能在随后一期内改变其贸易方式，转为别的贸易方式甚至退出出口市场。

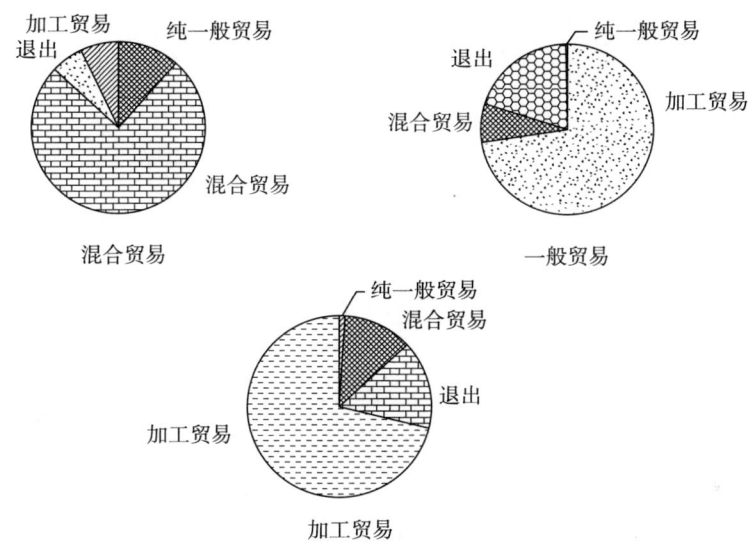

图 2.18　2001 年出口企业贸易方式动态转变

资料来源：根据海关数据库信息统计得到。

图 2.18 反映了 2001 年出口企业贸易方式转型的情形，图 2.19 反映了 2000~2005 年每个年度出口企业贸易方式转换率的平均值，该转换率的平均值更能反映在此期间出口企业的贸易方式转型特征。由图 2.19 可知，纯一般贸易出口企业中下一期有约 6.3% 企业转为混合贸易出口；而纯加工贸易出口企业下一期有约 12% 的企业转为混合贸易出口；而且混合贸易出口企业下一期有约 11.8% 的企业转为纯一般贸易出口，而大约 6% 的企业转为纯加工贸易出口。并且，每一

期纯一般贸易出口转向混合贸易出口企业的数量要高于纯加工贸易出口转向混合贸易出口企业的数量。但是,每期混合贸易出口企业转向纯一般贸易出口比例、数量均高于转向纯加工贸易出口比例、数量。由此可见,混合贸易方式类似于一种中间状态,而且混合贸易出口企业转变为一般贸易出口企业的数量、比例更大。

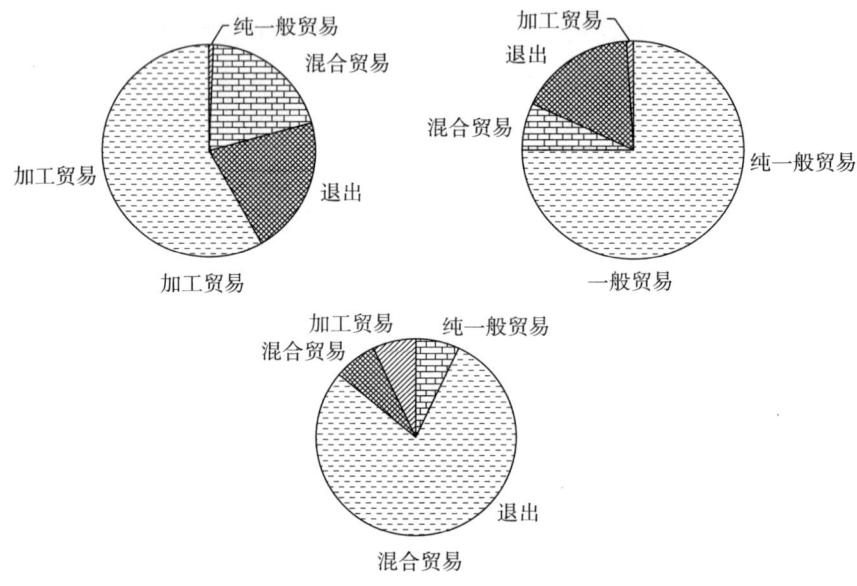

图 2.19 2000~2005 年出口企业贸易方式动态转变

资料来源:根据海关数据库信息统计得到。

图 2.18 和图 2.19 是根据所有出口企业的信息进行统计的结果。由于每年均有一部分新增的出口企业,新增出口企业也可能选择混合贸易方式或者纯一般贸易方式。为了更详细地说明纯一般贸易出口企业比例越来越大,下面将采用持续出口的企业样本进行分析。

于是,本研究统计了海关数据库中 2000~2005 年所有持续出口企业的信息,发现 25032 家企业持续六年均出口。其中,当年为混合贸易出口而下一年转为纯一般贸易出口的企业数量平均值为 1031 家;而转为纯加工贸易出口的企业数量平均值为 502 家。这说明,每年有更多的混合贸易出口企业转为纯一般贸易出口企业，而非转变为纯加工贸易出口企业。

当年为纯加工贸易出口而下一年转为混合贸易出口的企业数量平均值为795家；当年为纯一般贸易出口而下一年转为混合贸易出口的企业数量平均值为699家。这说明每年更少的纯一般贸易企业转为了混合贸易出口企业。从混合贸易出口企业数量的角度来看，流出去转为纯一般贸易出口的数量更多（1031家），而逆反向流进来数量更少（699家）。混合贸易出口企业转出去变为纯加工贸易出口的数量更少（502家），而逆反向流进来数量更多（795家）。这说明，混合贸易出口企业作为一种中间状态，而且，更多出口企业的贸易方式转变的流向是由较低级的贸易方式逐渐转变为更加高级的贸易方式（纯加工贸易—混合贸易—纯一般贸易）。

企业贸易方式跨期变化的趋势在图2.20中也有体现。图2.20中反映了2000~2005年持续出口企业中纯一般贸易出口企业比重不断上升，而纯加工贸易出口企业比重不断下降，混合贸易出口企业比重大致不变。

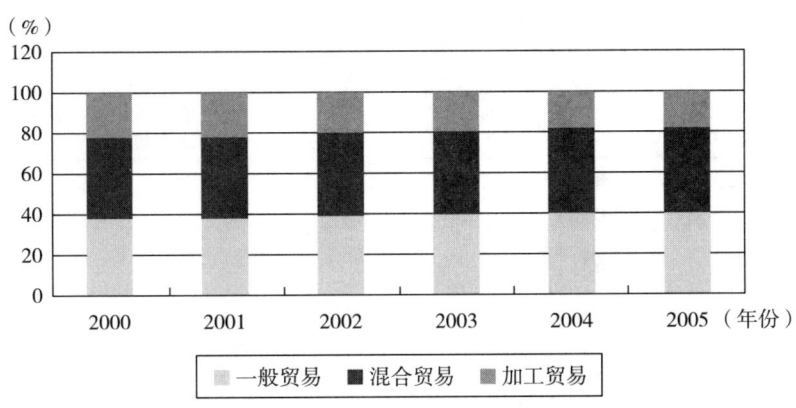

图2.20　2000~2005年持续出口企业不同贸易方式比重

资料来源：根据海关数据库信息统计得到。

（三）不同贸易方式企业生产率的差异性

不同贸易方式出口企业的生产率也存在明显差异。通常认为纯加工贸易的生产率较低,并且这也是导致中国出口企业存在"生产率悖论"的原因。本研究根据海关数据和工业数据匹配后的企业样本研究发现,以劳动生产率来衡量企业生产率时,不同贸易方式出口企业的生产率存在明显不同。由图 2.21 可知,其中,纯一般贸易出口企业的劳动生产率的分布曲线位于最右边,混合贸易出口企业的劳动生产率分布曲线位于中间,纯加工贸易出口企业的劳动生产率分布曲线位于最左边,并且其分布更为集中。这说明了纯加工贸易企业的劳动生产率更集中于较低的位置。区分不同的年份来看不同贸易方式的出口企业时,也有类似的结论。其中,图 2.21 分别反映了 2000 年、2003 年和 2005 年的企业生产率分布情形。

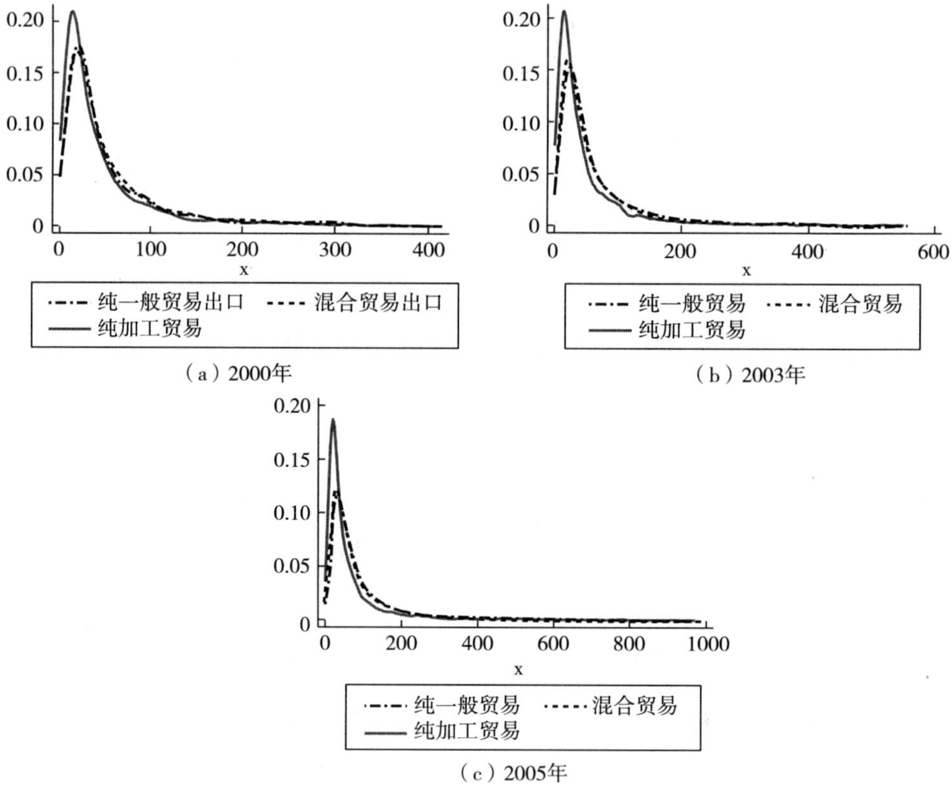

图 2.21 企业劳动生产率核密度图

资料来源:根据海关数据库信息统计得到。

另外，表 2.1 汇报了不同贸易方式出口企业的劳动生产率的均值和中位数。由表 2.1 可知，2000～2005 年纯加工贸易出口企业的生产率的均值和中位数均最低；其次是混合贸易出口企业劳动生产率；而纯一般贸易出口企业的劳动生产率最高。

表 2.1 不同贸易方式类型出口企业的劳动生产率均值和中位数比较

年份	均值			中位数		
	纯加工贸易	混合贸易	纯一般贸易	纯加工贸易	混合贸易	纯一般贸易
2000	42.849	56.789	56.866	26.735	36.839	36.206
2001	62.292	75.132	86.656	43.771	53.556	64.790
2002	46.631	55.844	55.791	29.592	37.722	38.36
2003	46.681	59.422	61.899	29.107	40.25	43.019
2004	44.804	64.863	65.568	27.335	43.649	45.204
2005	47.084	70.862	75.360	28.855	47.897	51.603

资料来源：根据海关数据库信息统计得到，其中劳动生产率是由工业增加值与员工人数之比而得到的。由于一部分企业工业增加值为负，所以本研究统计企业劳动生产率时，除去了该变量上下 1% 的极端值。

（四）进出口贸易方式的差异性和相关性

本研究将纯一般贸易出口企业定义为该年度内该企业所有产品均是在一般贸易方式下出口，其中一般贸易的代码为 10。将纯加工贸易出口企业定义为该年度内该企业所有产品均是在加工贸易方式下出口，其中纯一般贸易的代码为 12、13、14、15、16、17、19、20、22、30、33、34。本研究将混合贸易出口定义为既以加工贸易方式出口，同时还以一般贸易方式出口。另外，还有一部分企业采取易货贸易、边境小额贸易等方式出口，本研究将其定义为其他贸易方式。表 2.2 反映了 2000～2005 年所有出口企业中不同的贸易方式类型。由表 2.2 可知，采取其他贸易方式进行出口的企业数量非常少，几乎可以忽略。

其中，表 2.2 还反映了 2000～2005 年删去了贸易中间商后不同贸易方式的企业数量。其中，本研究采用企业名称中包含了"贸易""经贸""进出口""商贸"等字段来识别贸易中间商,如果企业名称中包含了上述字段,则将其定义为贸易中间商。由表 2.2 可知,贸易中间商可能采取不同的贸易方式类型进行出口,具体来说,一部分的贸易中间商选择了纯一般贸易进行出口,而另一部分贸易中间商选择了混合贸易方式出口,并且还有一部分贸易中间商可能选择了纯加工贸易方式出口。相比较而言,较大比例的贸易中间商会选择纯一般贸易方式出口。

表 2.2 不同贸易方式的出口企业　　　　　　　　　　单位:家

	2000 年	2001 年	2002 年	2003 年	2004 年	2005 年
未除去贸易中间商						
纯一般贸易	27538	31586	37394	48880	64982	70439
混合贸易	18673	19611	20893	23069	25823	28486
纯加工贸易	15480	15647	16166	17203	17915	17415
其他贸易类别	94	177	42	45	54	223
除去贸易中间商						
纯一般贸易	23546	27064	31823	40784	51457	55914
混合贸易	16106	16914	18289	20299	22716	25025
纯加工贸易	14720	14799	15191	15987	16582	16085
其他贸易类别	83	152	39	42	45	196

资料来源:根据海关数据库信息统计得到。

另外,本研究还对进口企业的贸易方式进行统计。结合表 2.3 和表 2.2 可知,以纯一般贸易方式进口的企业数量明显少于纯一般贸易方式出口的企业。其中,相比于出口,混合贸易方式进口企业和纯加工贸易方式进口企业数量较多。而且,其他贸易方式进口企业数量也明显更大,这是由于其他贸易方式中包含了"外商投资设备进口(代码为 25)"这一项。"外商投资设备进口"的企业数量较多。这也与我国引进外资过程中积极引进和利用外资投资设备的趋势是相符的。

表 2.3 反映了进口企业选择不同贸易方式的情形,该表同时统计了除去贸易中间商和未除去贸易中间商的样本信息。由表可知,企业进口时也可能选择不同

的贸易方式,例如,选择纯一般贸易方式进口、纯加工贸易方式进口以及选择混合贸易方式进口。值得注意的是,有较大数量的进口企业选择其他贸易方式,而其他贸易方式中包含了"外商投资设备进口",因此数量较大。并且,通过区分未删去贸易中间商和删去贸易中间商的企业样本并进行对照可知,无论是在进口环节还是在出口环节,贸易中间商都可能选择多种贸易方式进行出口或者进口。

表 2.3 不同贸易方式的进口企业　　　　单位:家

	2000 年	2001 年	2002 年	2003 年	2004 年	2005 年
	未除去贸易中间商					
纯一般贸易	10728	12847	15882	26148	32469	27444
混合贸易	20320	21692	25939	25265	27187	34408
纯加工贸易	20678	21277	21004	22024	24032	23691
其他贸易类别	9838	9681	9824	5396	4960	6502
	除去贸易中间商					
纯一般贸易	8942	10684	13060	20633	24296	20705
混合贸易	17337	18630	22460	22510	24133	29288
纯加工贸易	18860	19271	18892	19715	21442	21250
其他贸易类别	9617	9459	9515	5373	4941	5880

资料来源:根据海关数据库信息统计得到。

由表 2.3 可知,即使是删去了贸易中间商的企业样本,出口企业中也存在数量规模较大的混合贸易出口企业。混合贸易出口企业同时具有一般贸易方式出口,也有加工贸易出口。并且,由于相当大部分出口企业是多产品出口企业,那么混合贸易出口企业究竟是由于出口多种产品因此造成的混合贸易方式,还是由于即使出口一种产品也会同时采用一般贸易方式和加工贸易方式呢?本研究继续对混合贸易出口企业进行细分,对样本根据企业—产品对进行分类,然后依据分类的样本进行统计分析。

由表 2.4 可知,2000 年混合贸易出口企业样本中企业—产品对观测值的数量是 250006 个,其中,单个企业—产品对同时以加工贸易和一般贸易方式出口的观测值数量是 67715 个,说明了大约有 27% 的企业—产品对是以加工贸易和一般贸易方式进行出口的。并且，而以两种贸易方式进行出口的企业—产品对中一般贸易出口贸易份额占比的平均值是 0.349。并且由表 2.4 还可以发现，2000～2005 年以混合贸易方式进行出口的企业—产品对中一般贸易份额占比均值也在增加。仍有大约 73% 的企业—产品对是以单一贸易方式进行出口的，那些产品要么是加工贸易方式出口，要么是一般贸易方式出口。

表 2.4　混合贸易出口企业中企业—产品对的贸易方式统计　　　单位：家

年份	2000	2001	2002	2003	2004	2005
企业—产品对观测值数	250006	252164	280408	322977	364390	413189
单种贸易方式产品	182291	181539	202149	230743	257978	291038
占比	0.730	0.720	0.711	0.715	0.708	0.705
多种贸易方式产品	67715	70625	78259	92234	106412	122151
占比	0.270	0.280	0.279	0.285	0.292	0.295
一般贸易份额占比均值	0.349	0.363	0.377	0.381	0.386	0.403

资料来源：根据海关数据库信息统计得到，其中一般贸易份额占比均值是指多种贸易方式产品中的一般贸易份额占比的均值。

由于加工贸易的"两头在外"，从国外进口原材料然后再出口产成品到国际市场上，按照通常的理解，在进口和出口环节的贸易方式均是加工贸易。事实上，同时进口和出口的企业在进口贸易方式和出口贸易方式上的差异性，很少有研究者会关注到，本研究也进行统计说明。

因此，本研究选择了 2000～2005 年同时进口和出口的企业样本进行分析，表 2.5 表明，整体而言，大约 3/5 的企业进口贸易方式和出口贸易方式是相同的，也有大约 2/5 的企业进口贸易方式和出口贸易方式是不同的。这也就说明，企业出口贸易方式并不是完全依赖于其进口贸易方式。这也表明，分析企业层面进口产品关税变化对于其出口贸易方式的影响时，可能会有一些内生性，但是进口贸易方式和出口贸易方式并非完全相关。

由表 2.5 可知，绝大部分纯一般贸易进口的企业同时也会选择纯一般贸易方式进行出口，只有少量的才会选择混合贸易方式出口。这是由于大部分纯一般贸易企业是位于加工贸易区外，如果区外的纯一般贸易企业销售一部分的产品给境内关外（国境以内，关境以外）的加工贸易区的企业，在海关处理统计上，也会被认定是出口。这可能是造成这部分混合贸易出口企业的原因。

表 2.5 同时进出口企业样本的贸易方式选择　　　　　　　单位：家

		出口贸易方式				
		合计	纯一般贸易	混合贸易	纯加工贸易	其他贸易
2000年	纯一般贸易进口	4340	3950	325	62	3
	混合贸易进口	13613	2993	8041	2562	17
	纯加工贸易进口	16925	746	6145	10032	2
	其他贸易进口	2930	1336	615	952	27
2002年	一般贸易进口	6171	5702	394	71	4
	混合贸易进口	17625	4186	10095	3337	7
	纯加工贸易进口	16830	746	6265	9819	0
	其他贸易进口	3265	1669	573	1018	5
2005年	一般贸易进口	10956	10219	626	93	18
	混合贸易进口	24822	6586	14557	3631	48
	纯加工贸易进口	19136	869	7883	10377	7
	其他贸易进口	3058	1944	471	606	37

资料来源：根据海关数据库信息统计得到，除去了贸易中间商的企业样本。

而对于纯加工贸易进口的企业，其大部分企业仍然是选择按照纯加工贸易方式进行出口。但是，仍然会有相当一部分企业会选择混合贸易方式进行出口，以及非常少的一部分企业会选择纯一般贸易方式进行出口。这是由于在加工贸易区内的企业如果并没有将全部的以来料加工或者进料加工等方式进口原料件全部生产成产成品运出去，而是将一部分的原料件或者产成品转口内销给国内的厂商，那么就可能导致一部分企业或者部分产品的出口贸易方式为一般贸易方式。

而对于混合贸易企业的特征也较为明显，混合贸易方式进口的企业，大部分仍然是选择混合贸易方式进行出口，有一部分选择了纯一般贸易出口，也有一部分选择了纯加工贸易出口。并且，在使用该部分的企业样本时已经删去了贸易中间商，这也说明有相当一部分的生产型企业是以混合贸易的状态出现在国际市场。

由上述可知，进口贸易方式和出口贸易方式有一定相关性，但又不是完全相同。并且，进口贸易方式结构也面临着转变，一般贸易方式进口企业占比也在不断增加。由图 2.22 可知，从进口方面来看，2000~2005 年纯一般贸易进口企业数量占比比纯加工贸易进口企业数量占比更小。整体上看，纯一般贸易进口企业数量占比在逐年上升，纯加工贸易进口企业数量占比在不断下降。并且，混合贸易进口企业数量占比也在不断下降。值得说明的是，本研究中的加工贸易类型包括来料加工贸易和进料加工贸易。尽管纯加工贸易进口企业数量占比偏大，其中很大程度是由于进料加工贸易进口企业数量较大。

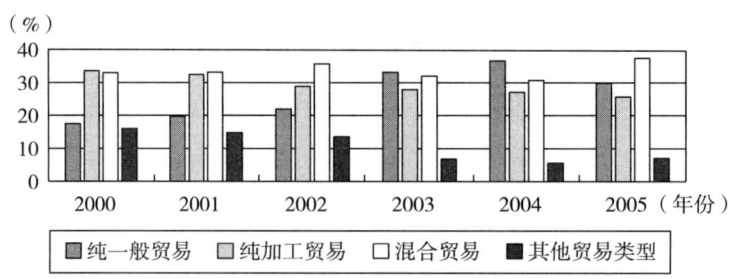

图 2.22　不同贸易类型进口企业数量占比

资料来源：根据海关数据库信息统计得到。

二、中国贸易自由化进展趋势

（一）中国进口关税贸易水平不断下降

改革开放后，我国经历了深刻而广泛的"对内改革、对外开放"的改革历程，贸易自由化程度也在不断深化。为了推动贸易开放，我国还设立了出口加工区、积极鼓励吸引外商投资，并且加入了世界贸易组织来大幅削减关税、非关税壁垒。

20 世纪 80 年代，我国逐步建立了比较完整的关税体系。从 90 年代初期开始,我国政府为了配合加入 WTO 谈判进程,不断大幅度进行关税削减,平均关税水平从 1994 年的 35% 下降到 1997 年的 17% 左右。随后在 2001 年加入世贸组织前夕,平均关税由 16.5% 下降到 15.3%。

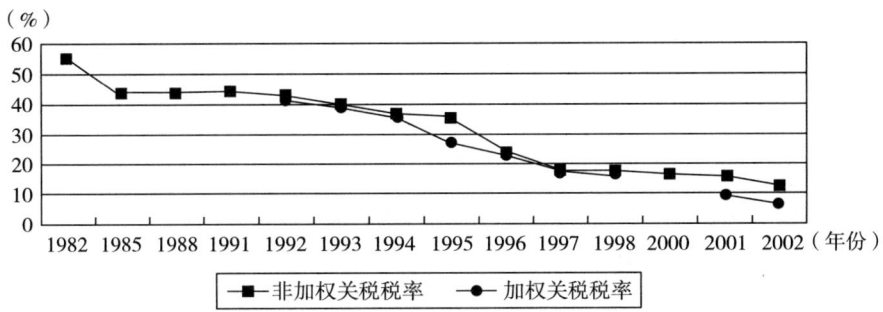

图 2.23 非加权关税税率和加权关税税率

资料来源:Rumbaugh – Blancher(2004)。

图 2.23 反映了 1982~2002 年中国的非加权关税税率和加权关税税率变化,其中,1992~1996 年非加权关税税率和加权关税税率下降非常明显。这说明在加入 WTO 之前,中国政府已经开始逐步调低了关税税率。加入 WTO 后,中国政府继续不断下调产品进口关税。图 2.24 反映了 2015 年中国进口产品的最惠国待遇关税的非加权水平。由图 2.24 可知,2015 年中国大部分进口产品的非加权平

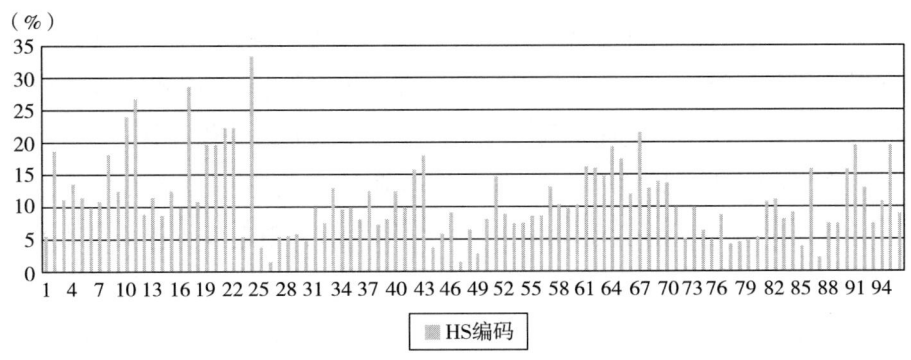

图 2.24 2015 年中国进口产品非加权平均关税

资料来源:根据 WTO 关税数据库信息统计得到。

均关税水平低于10%，这说明截止到2015年，中国大部分产品的非加权平均关税均处于较低水平。

另外，从企业层面的进口投入品关税率来看，2000~2005年企业层面加权进口投入品关税税率也在不断下降，加权进口投入品关税税率由2000年的4.3%下降为2005年的2.3%左右。企业在进口环节需要承担的关税负担逐渐减少，我国外贸部门的贸易自由化程度不断加深。

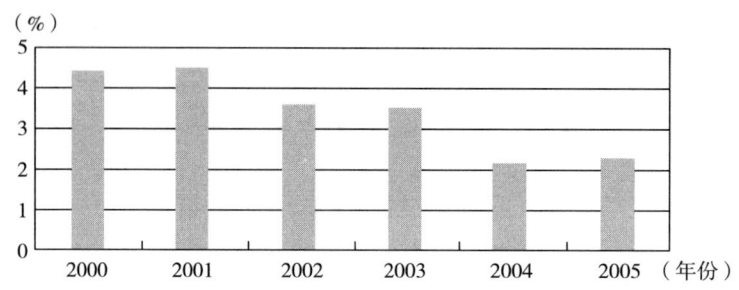

图2.25　企业层面进口投入品关税变化

资料来源：数据来自中国海关数据库和WTO关税数据库信息，测算得到企业层面的加权进口关税的平均值。

图2.26和图2.27汇报了2000~2005年行业层面关税削减的情况。采用了后文中计算行业层面投入品关税水平的办法，根据2002年投入产出表和国民经济制造业行业分类计算每个行业的投入产出权重，然后将中国工业分类（CIC）和国际标准工业分类（ISIC）进行匹配，再将ISIC和HS6位码相联系获得WTO数据库对应的关税税率。因而得到行业层面进口投入品的关税水平。

由图2.26和图2.27可知，大部分制造业行业的进口投入品关税水平在2000~2005年均有明显的下降。其中，2005年大部分制造业行业关税水平明显低于8%。这也与余淼杰（2010）研究中测量出的2005年以后中国大部分行业的关税水平为8%~9%的水平情形比较接近。并且，2002年以后大部分行业关税下降的幅度明显更大，这也说明了加入WTO以后中国政府确实经历了大幅度削减关税的过程。

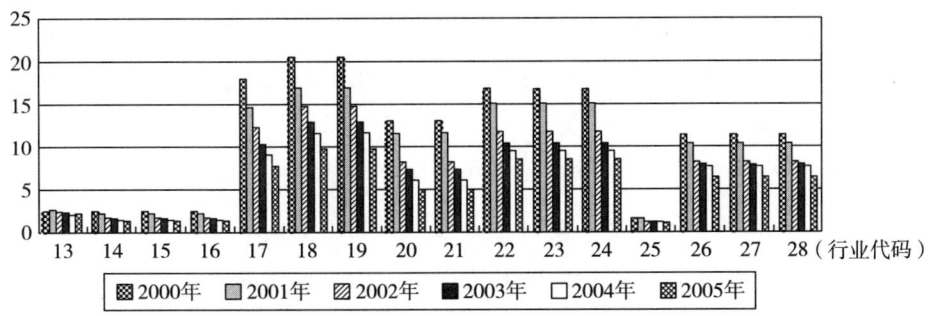

图 2.26 制造业行业层面进口关税（1）

资料来源：数据来自 WTO 关税数据库信息。

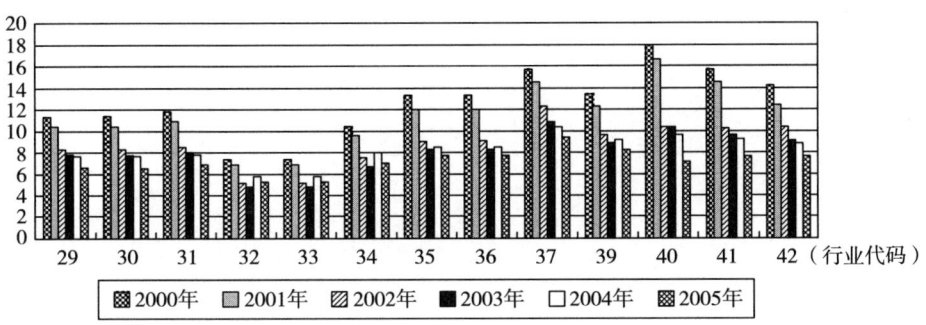

图 2.27 制造业行业层面进口关税（2）

资料来源：数据来自 WTO 关税数据库信息。

其中，原先进口关税水平较高的行业进口投入品关税削减颇为明显。行业代码为 17、18、19 的纺织业、服装服饰业、皮革制鞋行业在 2000 年时关税水平仍高于 15%。加入世界贸易组织以后，这些行业的进口投入品关税水平大多都下降到 10% 以下。另外，行业代码分别为 37、39、40 的运输设备制造业、计算机设备制造业、仪表制造业的进口投入品关税水平也有明显下降。

（二）中国非关税贸易壁垒不断减少

除关税外，我国还通过各种非关税贸易壁垒来保护国内的企业避免受到国际市场竞争的影响。政府还通过进口产品配额、进口许可证制度非关税壁垒来限制调控进口产品的数量。加入世界贸易组织以后，中国各级政府集中清理了2300多部法律法规和部门规章；进一步降低关税，外贸经营权全面放开；进一步扩大服务市场开放。

加入世界贸易组织后，中央和地方政府还开展了前所未有的、大规模法律法规清理工作，在服务业各个部门修订相关法规，取消了针对外商企业的歧视性待遇，使中国的市场准入条件更加透明和规范。这些市场化的改革也逐渐削减了外贸投资的非关税壁垒。

总之，中国政府在加入世界贸易组织后，积极推动经济开放程度，不断地削减相关非关税贸易壁垒。

第三章 贸易自由化对出口企业贸易方式选择的影响

一、引言

改革开放以来,我国对外贸易发展迅速。相比于1978年的进出口总额为325.5亿元人民币,2015年我国货物贸易进出口总值高达24.59万亿元人民币,迅速增长的贸易规模很大程度是由于政府积极推动设立加工贸易区等开放贸易政策所致。20世纪七八十年代,日本、中国台湾、新加坡等东亚主要加工贸易制造国家和地区由于劳动力人工成本逐渐提高,其加工制造优势不再明显。中国积极抓住当时国际分工转移的趋势,积极发展加工制造业。由于本身丰富的劳动力资源,政府积极引导外向型贸易政策,我国加工贸易得到快速的发展。加工贸易企业数量、规模总量都得到了突飞猛进的快速增长,加工贸易在我国对外贸易总量中占据了非常大的比重。20世纪90年代以来,加工贸易一直占据贸易总额大约一半的比重,例如,1999年加工贸易出口占总贸易出口比重约为57.3%。

由于改革开放初期政府大规模招商引资,外资主导的加工贸易在中国沿海省份迅速发展起来,一方面带动了当地经济和对外贸易的快速增长,另一方面加工贸易这种贸易模式本身的弊端逐渐凸显出来。戴觅等(2014)研究发现,中国纯加工贸易的生产率甚至比非出口企业的生产率低10%~22%。加工贸易的低生产率现状也是造成中国出口企业"生产率悖论"的重要原因。

甚至有研究者发现,企业加工贸易活动对自身利润率、生产率具有部分促进效果，但长期作用有限（逯宇铎等，2015）。加工贸易企业依赖于我国的劳动力成本优势，在研发创新和促进自身效率提升上表现并不突出，甚至明显低于一般贸易企业的经营表现。加工贸易方式是造成进口抑制企业R&D投入的重要原因（张杰，2015）。而以一般贸易为主的企业嵌入全球价值链的程度越深越有利于生产率提高（孙学敏和王杰，2016）。粗放式发展加工贸易，低效率、低附加值的加工贸易模式急需改变。我国政府在全球金融危机之前曾经下调部分产品出口退税率以调整贸易方式结构（范子英和田彬彬，2014）。

随着我国经济结构的调整和优化，劳动力资源成本优势不再突出。由跨国公司主导和掌控的全球价值链分工体系将会产生新的调整，一部分劳动密集型行业的企业开始从我国迁出，转移到劳动力成本更为低廉的东南亚地区。无论是从内部环境还是从外部全球经济环境的角度来看，进行外贸方式调整转型都成为重要任务。探究贸易转型的内在动因也成为有效促进贸易转型的关键。

为了尽快融入当时的关税贸易总协定等多边贸易组织，我国政府从20世纪90年代开始实施以削减关税和非关税贸易壁垒为主要内容的贸易政策改革，逐步取消对外贸易的行政干预和取消外贸企业准入条件限制。并且，2002年中国加入了世界贸易组织，随后继续降低进口产品关税，进一步深化贸易自由化的进程。随着贸易总量规模不断增长，许多国内企业的生产率也因贸易开放而有所提高。

不少文献研究分析了贸易自由化提升企业全要素生产率、促进经济增长的作用和机制（Amiti和Konings，2007；Halpern et al.，2015）。国内学者对于中国的贸易自由化对企业生产率影响的经验研究也有不少（余淼杰，2010，2011；刘啟仁和黄建忠，2016；汤毅和尹翔硕；2014；毛其淋和许家云，2015）。大多数研究认为贸易自由化将会通过进口产生促进企业生产率提升的效果。

由于出口环节存在出口固定成本，不同类型的出口企业出口时需支付的出口固定成本明显不同。政府为了鼓励出口对加工贸易企业施行有条件的补贴或者隐形补贴（Defever和Riano，2017）。从事加工贸易所需要的固定成本更低，生产率较低、融资约束较高的企业倾向于选择加工贸易从事出口（逯宇铎和戴美虹，2014）。并且，企业生产率提高对纯加工贸易企业的出口存在显著的抑制作用（陶攀等，2014）。那么，贸易自由化是否会通过影响企业生产率的变化从而影响到出口企业选择出口贸易方式的不同呢？而且其作用渠道又是怎样的呢？本章将对这一问题进行深入研究，利用中国海关数据库和工业企业数据库匹配得到的企业样本数据，实证分析企业进口投入品关税削减对其出口贸易方式选择的影响作用。

本章以下章节将按照以下顺序进行安排：第二节阐述贸易自由化通过影响企业生产率从而影响到出口企业贸易方式选择的机制；第三节介绍实证研究的计量模型、相关变量和数据处理方法；第四节介绍回归估计结果并针对结果进行分析；第五节是拓展分析，采用多值选择模型分析贸易自由化对出口企业贸易方式选择的影响；第六节是本章小结。

二、贸易自由化对企业出口贸易方式选择的影响机制

本小节由三部分构成，第一部分详细地介绍了有关贸易自由化指标的构建和测算；第二部分则重在分析贸易自由化对于企业出口贸易方式选择的影响机制；第三部分则介绍了计量模型、数据说明和描述性统计。

（一）贸易自由化指标的构建和测算

早期研究通常选用进口渗透率来衡量贸易自由化程度。进口渗透率通常是指行业进口总额和行业总产出之间的比重，然而，该指标并不能准确地反映贸易自由化发展的程度。因为进口总额增长包含了太多影响因素，既包含了贸易自由化、贸易便利改善带来的进口贸易增加，也包含了进口贸易本身增长的惯性趋势，甚至还包含了其他宏观、行业层面导致贸易增长的因素。并且，有时候相关贸易政策可能发生了重大改变，而进口贸易渗透率仍然可能变化不大。

另外，配额和许可证等非关税壁垒并不能全面地反映贸易阻力，因为通常大部分国家所施行的配额和许可证都是适用于特定行业。而且，非关税壁垒的度量存在较大的困难。相比较而言，关税税率更能反映企业在贸易环境中普遍面临的贸易壁垒和阻力，因而关税削减更适合作为衡量贸易自由化的指标。因此，本章

参考部分研究文献的处理办法，主要采用进口关税削减来衡量贸易自由化。按照研究对象的层级，本研究的进口关税水平通常分为两类，其一是行业层面关税水平，其二是企业层面关税水平。而本章主要从企业层面进行分析，所以主要介绍了企业层面关税削减指标的衡量。

第四章中为了从更多角度来说明贸易自由化的影响，还将中国 2002 年加入世贸组织作为外生事件，采用倍差法来分析贸易自由化对企业贸易方式转变的影响。第五章中还采用了行业渗透率作为贸易自由化的替代衡量指标来检验估计结论的稳健性。

我国有一般贸易进口和加工贸易进口两种方式。但是，加工贸易中来料加工和进料加工等其他加工贸易方式还存在差别。对于来料加工中进口的中间投入品，境内的加工企业并没有这些中间材料所有权，海关采取完全免征关税的方式进行管理。而在进料加工贸易中，海关对进口的中间材料是采取"先征后退"的管理方式。加工贸易企业在银行设立保证金台账，先按照现行的进口关税税率进行征税，等到加工成成品复出口时再进行全额退款。因此，类似于一般贸易中对于现金流的要求，进料加工贸易中企业还需要支付在此期间的关税利息。参考田巍和余淼杰（2013）的办法，本章构建了企业层面的进口投入品关税水平，具体如下：

$$\text{Input\_Tariff}_{it} = \sum_{k \in \Theta_O} \frac{m_{initial}^k}{\sum_{k \in \Theta} m_{initial}^k} \tau_t^k + 0.05 \times \sum_{k \in \hat{\Theta}} \frac{m_{initial}^k}{\sum_{k \in \Theta} m_{initial}^k} \tau_{tt}^k \quad (3-1)$$

其中，Input_Tariff_{it} 代表企业 i 投入品关税。τ_t^k 代表企业进口的产品 k 的 HS6 位码所对应的进口关税税率。Θ_O 代表企业一般贸易进口产品的集合，$m_{initial}^k$ 代表企业 i 第一次出现在样本年份对产品 k 的进口总额。$\hat{\Theta}$ 代表企业除了来料加工以外所有的加工贸易进口产品的集合。Θ 代表企业所有进口产品的集合。因为来料加工贸易进口产品完全是免税的，所以其关税并没有出现在式（3-1）中。式（3-1）由两部分构成：一是一般贸易进口产品的平均关税；二是除了来料加工以外所有的加工进口产品的平均关税。参考田巍和余淼杰（2013）的办法，假定利率为 0.05。该式既可以反映拥有多种贸易方式进口产品的混合贸易企业的关税水平，也可以反映仅以某种贸易方式进口的纯加工贸易企业或者纯一般贸易企业的关税水平。

(二) 贸易自由化影响企业出口贸易方式选择：影响机制分析

贸易自由化所带来的中间投入品关税下降的效果将会降低进口中间品的成本；或者进口多样化的中间投入品会导致对国内企业的技术溢出；或者进口外国质量更好的产品会对本国的产品技术有所提升。这可能是由于进口中间投入品关税下降所导致的效果。另外，进口最终品关税下降也实际上降低了外国产品的相对价格，从而对国内的生产厂商造成更为激烈的市场竞争。

贸易自由化所施行的进口产出关税下降和进口中间投入品关税下降可能通过这些效应，导致国内企业提升了企业生产率、利润和研发创新产出等主要经营表现。例如，不少研究者利用不同国家数据进行实证分析，发现进口中间品将促进企业全要素生产率的提高（Coe 和 Helpman，1995；Halpern et al.，2010；Goldberg et al.，2010；Amiti 和 Konings，2007；陈勇兵等，2012）。余淼杰（2010）利用中国制造业企业数据和海关数据实证研究发现，贸易自由化显著地促进了企业生产率的提高。汤毅和尹翔硕（2014）将贸易自由化区分为最终品关税减免和中间投入品关税减免，实证研究表明，贸易自由化能显著促进企业生产率。最终品关税是减免的"正向效应"和中间品关税减免的"负向效应"这两种效应共同发挥作用的结果。然而，毛其淋和许家云（2015）研究发现中间品贸易自由化可以显著提高企业生产率，但是对加工贸易型企业的影响相对较小。同时，Bas 和 Strauss–Kahn（2014）、Eslava 等（2013）以及 Topalova 和 Khandelwal（2011）分别使用匈牙利、哥伦比亚和印度的数据也得到了相似的结论。这说明贸易自由化伴随的关税下降将会有利于提高企业生产率。

另外，由于出口存在固定成本，企业生产率高低成为了影响企业能否迈过出口门槛的重要因素。生产率较高的企业才可能选择出口到国际市场上，而生产率较低的企业无法克服出口固定成本，只能在国内市场销售。值得注意的是，我国政府在东部沿海地区大规模设立加工自贸区，给予加工自贸区企业一系列的优惠政策，如使用土地、税收、外贸通关、仓储等方面优惠政策（Defever 和 Riano，2017）。并且，加工贸易模式中本身的贸易特点使得从事加工贸易厂商可以更为便捷地销售产成品、进口原材料。例如，来料加工贸易中企业只负责深加工组装环节，进口原料和出口产成品均由境外厂商负责。进料加工贸易企业虽然可以自主进口中间原材料然后加工生产销往境外各个国家，但是，其进口货物前的筛选搜寻贸易伙伴的成本往往也会低于一般贸易进口厂商。由此可见，加工贸易企业进出口面临的固定成本可能低于一般贸易进出口。

很多研究表明，企业生产率的异质性是其选择不同出口贸易方式的原因。逯宇铎和戴美虹（2014）实证研究发现，生产率较低、融资约束较高的企业更倾向于选择以加工贸易方式从事出口。陶攀等（2014）研究发现企业生产率提高对纯加工贸易企业的出口选择存在显著的抑制作用；对混合贸易企业的出口参与并无明显影响；而对一般贸易企业的出口选择具有显著的促进作用。金祥荣和胡赛（2017）研究发现低生产率企业以加工贸易形式扩大出口，而高生产率企业会以一般贸易形式扩大出口。这意味着，纯加工贸易企业生产率提高后其选择继续以加工贸易方式出口的概率反而减少。

并且，由第二章中关于不同类型企业的劳动生产率的描述统计可知，较高生产率的企业选择纯一般贸易方式出口，而生产率稍低的企业选择混合贸易出口，而生产率最低的企业选择纯加工贸易出口。

贸易自由化带来进口关税削减促使企业生产率提升。不同贸易方式出口所承担的出口固定成本有所不同，加工贸易企业由于受到政府优惠政策较多，并且进口原材料和出口销售时搜寻合适贸易合作伙伴时的成本也更低。因此，相对于一般贸易而言，产品通过加工贸易方式出口销售的成本更低，产品通过一般贸易方式出口销售的成本更高。企业生产率提高以后，出口企业更有可能负担得起一般贸易的出口固定成本，从而选择以一般贸易方式出口，而非选择纯加工贸易或者混合贸易方式出口。

由此得到本章的推论假说，进口关税削减将会导致企业生产率提升，从而增加出口企业以一般贸易方式进行出口的概率，即贸易自由化将有利于增加出口企业选择一般贸易方式出口的概率，从而减少选择加工贸易方式出口的概率。

（三）计量模型、数据说明和描述性统计

本小节主要由三部分构成，第一部分主要介绍了计量模型的设定，第二部分主要介绍有关内生性的处理方法，第三部分主要介绍实证分析的数据和变量处理

办法。

1. 计量模型设定

根据上述假说可知,进口关税削减导致出口企业选择以纯一般贸易出口的概率增大,出口企业选择以纯加工贸易出口的概率降低。并且,关税削减通过影响企业生产率从而影响出口企业贸易方式选择。

下面将分两步来进行分析,第一步,检验关税削减对于出口企业贸易方式选择的作用;第二步,检验关税削减是否通过提高企业生产率进而影响出口企业的贸易方式选择。首先,构建了 Probit 模型实证分析进口关税水平对出口企业贸易方式选择的影响:

$$Pr(Exp\_M_{ijt}=1)=\beta_0+\beta_1 Input\_Tariff_{ijt}+\beta_2 X_{ijt}+v_j+\mu_t+\varepsilon_{ijt} \quad (3-2)$$

其中,当 $M=p$ 时,Exp_p_{ijt} 代表当出口企业 i 选择以纯加工贸易出口时,则该变量取值为1,否则取值为0。当 $M=o$ 时,Exp_o_{ijt} 代表出口企业 i 选择以纯一般贸易出口时,则该变量取值为1,否则取值为0。当 $M=b$ 时,Exp_b_{ijt} 代表当出口企业 i 选择以混合贸易出口时,则该变量取值为1,否取值为0。

$Input\_Tariff_{ijt}$ 代表该企业 i 面临的进口投入品关税水平。X_{ijt} 代表其他可能影响到出口企业贸易方式选择的控制变量。例如,企业生产率、平均工资、是否外资企业、资本密集度、企业规模、企业年龄、行业虚拟变量、年份虚拟变量等。上式被利用来估计关税水平对于出口企业选择不同贸易方式出口的概率的影响,具体来说,分别是对纯加工贸易出口概率、混合贸易出口概率以及纯一般贸易出口概率的影响。

除分析关税水平对出口贸易方式选择的影响外,为了分析贸易自由化带来的关税削减幅度对出口企业选择不同贸易方式出口的影响,本章还构建了如下的实证模型:

$$Pr(Exp\_M_{ijt}=1)=\beta_0+\beta_1 \Delta Input\_Tariff_{ijt}+\beta_2 X_{ijt}+v_j+\mu_t+\varepsilon_{ijt} \quad (3-3)$$

其中,Exp_M_{ijt} 代表出口企业选择不同贸易方式的虚拟变量,具体与上文类似;$\Delta Input\_Tariff_{ijt}$ 代表 i 企业在 t 年面临的投入品关税削减幅度。其他控制变量仍然与上文中类似。

2. 数据说明和变量处理

本研究所使用的主要数据来自于中国国家统计局对工业销售额超过500万元

的非国有企业以及所有国有企业的统计数据,其中,进出口的数据来自于中国海关2000~2006年统计数据。由于本研究主要试图分析贸易自由化对于贸易方式转型的影响,而也有研究认为汇率升值也是导致企业贸易转型升级的主要原因(马光明,2014;Xing,2017)。为了避免受到汇率升值的影响,本研究选取研究样本期为2000~2005年。因此,在本研究样本期内人民币对美元汇率基本较为稳定。产品关税等数据来自世界贸易组织(WTO)网站上数据库中提供的中国产品关税。

另外,由于工业企业数据包含了大量的企业样本,少部分企业样本的信息存在误差和错误,这可能给研究带来疏漏。本研究参考Cai和Liu(2009)中的处理办法,首先,删去了重要财务指标(总资产、固定资产净值、工业总产出、工业销售额)存在遗漏的样本。其次,删去了企业员工人数低于8人的样本,这类企业规模太小,并没有正规完善的财务会计系统。最后,还删去了明显不符合会计准则的企业样本,例如,流动资产大于总资产、企业成立时间无效、固定资产净增大于总资产。

值得注意的是,中国海关统计数据中还存在着贸易中间商的数据信息,而贸易中间商本身并不生产和加工,只是从国内企业购买货物并且出口销售或者从国外进口产品然后再转而销售给国内企业。这类贸易中间商企业可以作为国内企业进出口的中介,促使更多的企业或者消费者能出口其产品或者进口使用外国中间投入品。为了避免贸易中间商对分析造成的误差,本研究将此类贸易中间商也进行删除。因此,参考Ahn等(2011)等的处理办法,将企业名称字段中带有"贸易""进出口""经贸""外贸"等名词的样本均进行删除。另外,由于海关数据和工业企业数据的企业代码并不相同,所以本研究参考了余淼杰(2010)的处理办法将两个数据库的企业按照企业名称进行匹配。

由于本研究中企业生产率是较为重要的研究变量,因此,采用两种方式来衡量企业生产率,分别是企业全要素生产率和企业劳动生产率。其中企业全要素生产率需要进行估算。本研究利用Olley-Pakes估计法(简称O-P法)估计企业全要素生产率(TFP),该方法来自于Olley和Pakes(1996)。相比于估计全要素生产率的传统办法,O-P法可以有效地避免联立性偏误和选择性偏误。因为企业家可能观测到企业生产率的提高,从而增加劳动力等可变要素的投入,反之亦然。扰动项与解释变量相关,这会导致劳动要素的估计系数被高估。由于生产率冲击是不可观察的,O-P法采用当期投资作为其代理变量。

另外,本研究在实证研究中还控制了其他可能会影响出口企业贸易方式选择的变量。参考了彭冬冬和杜运苏(2016)的处理,控制了企业规模、企业年龄、人均工资水平以及资本密集度等变量。

(1)企业规模。伴随着企业发展和壮大、资本实力的增强,企业规模也随着变得更大,可能会对企业进入出口市场产生积极的影响。可能由于企业规模越大,越有足够的资金实力和生产能力选择一般贸易方式进行出口。本研究采用企业的工业销售额的对数来衡量企业规模。预期企业规模越大,则出口企业越有可能选择更高级的贸易方式进行出口。

(2)企业年龄。企业经营时间越长,抵御外部市场风险的能力也更强,企业更具有市场竞争力,能够通过更加高级的贸易方式出口到国际市场。另外,也有可能企业年龄越大,则企业的生产设备老化、管理体制僵化,不利于企业选择更高级的贸易方式进行出口销售。因此,企业年龄对出口企业的贸易方式选择的影响可能不太明确。本研究采取样本所处年份减去企业开业时间来衡量企业年龄。

(3)企业人均工资水平。一般而言,劳动力质量高低与工资水平明显相关,而劳动力质量高低反映了企业的劳动生产效率。更加优质的劳动要素投入也有利于企业选择更高级的出口贸易方式,因此,企业人均工资水平可能对企业选择纯一般贸易方式出口产生积极的影响。

(4)资本密集度。资本密集度反映了企业积累资本要素的程度,更高的资本密集度则通常反映企业拥有更高的技术水平,因而更可能选择纯一般贸易等方式进行出口。本研究采用企业人均固定资本净值的对数来衡量资本密集度。

3. 内生性问题及处理办法

由于产品的进口贸易方式和企业所需承担的关税水平之间存在一定程度的相关。以加工贸易方式进口产品的关税并不真正构成企业实际所承担的关税,而以一般贸易方式进口产品关税会构成企业实际上所承担的关税。一般来说,企业进口同样的产品选择以一般贸易方式进口可能会承担更多的进口关税。

构建企业层面关税时采用某类产品当年进口额作为权重,进口贸易方式与企业层面关税有一定相关性。这可能导致企业层面关税水平与出口贸易方式之间有相关性，或者有可能同时影响企业层面关税水平和出口贸易方式的因素被遗漏，从而造成内生性问题。

第二章中关于当期进出口贸易方式之间关系的统计信息可以发现，在纯加工贸易和纯一般贸易方式中，当期的进口贸易方式和出口贸易方式之间存在一定的相关性。纯加工贸易方式进口的企业可能仍然会选择纯加工贸易方式进行出口，纯一般贸易方式也是同样的。这也就可能导致被解释变量和解释变量具有一定的相关性。

为了避免企业层面不可观察的因素同时影响到出口贸易方式和进口投入品关税水平，从而造成对其出口贸易方式决策的影响作用估计的偏误，本研究参考Topalova 和 Khandelwal（2011）的处理办法，选取企业初次出现在样本期的进口产品权重来构建每种产品的进口权重。这种固定权重的办法可以减少来自进口产品每年贸易份额权重变动和贸易方式变动对计算企业层面投入品关税水平的影响。后文中为了稳健性分析，还将采用2000年的进口产品贸易份额固定权重进行计算企业层面投入品关税水平。

4. 描述性统计

首先，下面是关于全部样本数据的描述性统计信息。值得说明的是，由于劳动生产率采用工业增加值与企业员工人数之比取对数而得到，不少企业的工业增加值为负数，因此劳动生产率的观测值低于其他变量的观测值。所有企业初始年份的进口投入品关税削减额为缺失值。另外，企业层面进口投入品关税水平还有一部分的观测值大于1，这可能是由于某些产品被报复性征收关税的异常情形。因此，将进口投入品关税水平变量分布上端1%的样本值删去。由表3.1可知，混合贸易方式出口企业所占比重将近一半。Fan 等（2017）也利用中国海关数据进行统计汇总三种不同贸易方式企业的占比，其中纯一般贸易、纯加工贸易、混合贸易企业占比分别为36.31%、23.2%、40.49%。由表3.1可以得到其占比为28.5%、21.8%、49.6%，与Fan 等（2017）的统计数据比较类似。

其次，对新出口企业样本进行分析。下面是关于新出口企业样本的描述性信息。本研究将海关数据库匹配后得到了每年的新出口企业样本，测算得到企业层面的进口投入品关税削减的信息,再跟中国工业企业数据库进行匹配,得到关于企业生产经营的相关信息。由于下文中分析的新出口企业样本和使用的全部企业样本不相同,因此,将汇报关于新出口企业样本的相关统计信息。

表 3.1 全部样本关键变量的描述性统计

变量	观测值	均值	标准差	最小值	最大值
纯一般贸易出口	106876	0.285	0.452	0	1
纯加工贸易出口	106876	0.218	0.413	0	1
混合贸易出口	106876	0.496	0.500	0	1
投入品关税削减	60600	−0.002	0.027	−0.168	0.168
投入品关税水平	106876	0.018	0.031	0	0.169
劳动生产率	79208	3.941	1.216	0.001	12.548
全要素生产率	105651	5.316	0.874	0.598	11.657
资本密集度	105741	3.885	1.495	−5.617	12.267
企业规模	106641	10.683	1.375	3.219	18.644
工资水平	106567	8.153	1.270	0	15.478

其中,表 3.2 反映了 2001 年、2003 年、2005 年企业层面的投入品关税水平。由表 3.2 可知,企业层面投入品关税削减的均值在 2001 年为 0.008,而 2003 年和 2005 年则分别为 −0.006 和 −0.006。投入品关税削减的最小值在 2001 年、2003 年、2005 年分别为 −0.520、−0.611、−0.676。这说明从 2002 年开始正式加入 WTO 以后,企业层面的投入品关税确实在逐渐削减。当然,最大值通常还可能反映中国海关对进口的某些商品征收高额的报复性关税,这往往是特殊产品、特殊情形下的特例。因此,这会导致一部分产品关税水平高于 100% 水平。

另外,由于计算企业产品关税削减幅度通常是采用当期关税水平减去上期关税水平。因此,当年新进口企业进口投入品关税削减幅度的取值也就成为了缺失值。

表3.2 企业层面关税水平的描述性统计

变量	观测值	均值	标准差	最小值	最大值
投入品关税削减（2001年）	48248	0.008	0.0521	-0.520	1.158
投入品关税水平（2001年）	65497	0.035	0.067	0	1.182
投入品关税削减（2003年）	57487	-0.006	0.032	-0.611	0.693
投入品关税水平（2003年）	81818	0.023	0.046	0	0.839
投入品关税削减（2005年）	73367	-0.006	0.031	-0.676	1.264
投入品关税水平（2005年）	92045	0.021	0.041	0	1.296

表3.3则反映了2001～2005年新出口企业选择不同的贸易方式进行出口的数量。其中，采用企业在该年度是初次出现在海关数据库中，则认定为其是新出口企业。例如，2003年的新出口企业则是在2002年以及2002年以前均没有出现在海关数据库中，而2003年初次出现在海关数据库中，则认定其为2003年的新出口企业。

表3.3 新出口企业贸易方式选择的描述性统计　　　　　单位：家

贸易方式	2001年	2002年	2003年	2004年	2005年
一般贸易	8546	9284	12758	25588	14899
混合贸易	1743	2178	2544	5508	1944
加工贸易	2494	2776	3101	5161	2413

由表3.3可知，绝大部分新增出口企业选择纯一般贸易方式进行出口。2001～2003年新增出口企业中选择纯一般贸易方式进行出口的数量分别是8546家、9284家、12758家。而且，2004年新增出口企业数量有明显的上升。这可能是由于在2004年7月开始放开进出口的外贸准入权，从而导致该年度内新增出口企业数量大量增加。

三、贸易自由化对企业出口贸易方式选择影响实证分析

(一) 基准回归结果

首先,在检验进口投入品关税削减的作用影响之前,本节先验证进口投入品关税水平与企业出口贸易方式选择之间的关系。

由表3.4第(1)列可知,企业进口投入品关税水平的估计系数显著为正,这说明进口投入品关税水平与企业以一般贸易方式出口的概率呈现正相关。这可能是由于企业的进口贸易方式和出口贸易方式之间存在较强的相关性。企业以一般贸易方式进口,那么其所承担的进口关税水平也是较高的。而且,如果企业以一般贸易方式进口,则其会有较大可能性仍然选择一般贸易方式出口。并且,从纯加工贸易方式的角度进行理解,也将得到相似的结论。值得注意的是,本章中的纯加工贸易指企业所有贸易关系均为加工贸易。加工贸易既包括了来料加工,也包括进料加工等方式。而选择进料加工等贸易方式时,企业仍需要"先征后退",仍需要承担关税金额的利息支出,所以,纯加工贸易企业的进口投入品关税水平并不为零。

表3.4 产品关税水平对出口企业贸易方式选择影响的估计结果

变量	(1)	(2)	(3)	(4)	(5)	(6)
	当期	滞后一期	当期	滞后一期	当期	滞后一期
	纯一般贸易		混合贸易		纯加工贸易	
投入品关税水平	17.21*** (0.401)	16.74*** (0.683)	-6.586*** (0.338)	-4.611*** (0.550)	-15.41*** (0.593)	-12.46*** (0.865)
劳动生产率	0.118*** (0.015)	0.120*** (0.026)	0.012 (0.012)	-0.011 (0.020)	-0.118*** (0.016)	-0.053** (0.025)

续表

变量	(1)	(2)	(3)	(4)	(5)	(6)
	当期	滞后一期	当期	滞后一期	当期	滞后一期
	纯一般贸易		混合贸易		纯加工贸易	
其他控制变量	是	是	是	是	是	是
行业哑变量	是	是	是	是	是	是
年份哑变量	是	是	是	是	是	是
观测值	79208	40795	79208	40795	79208	40795
样本数	37480	17473	37480	17473	37480	17473

注：括号中为估计系数的标准误差，采用面板 Probit 模型进行估计。

出口企业劳动生产率越高，则其选择纯一般贸易方式出口的概率越高；而选择纯加工贸易方式出口的概率越低；而其选择混合贸易方式出口的概率并不明显。并且，当进一步考虑当期的关税水平与下一期的出口贸易方式之间的关系时，结果表明，进口投入品关税对下一期贸易方式的作用系数与对当期的作用相似。企业规模、资本密集度等其他控制变量的估计结果被省略了。

其次，将继续估计企业层面进口投入品关税削减对于不同贸易出口选择的影响，并且也控制了企业全要素生产率、资本密集度、企业规模、人均工资水平、行业哑变量、年份哑变量、省份哑变量。表 3.5 汇报了回归估计的结果。

表 3.5　对企业出口贸易方式选择影响的估计结果

变量	(1)	(2)	(3)	(4)	(5)	(6)
	当期	滞后一期	当期	滞后一期	当期	滞后一期
	纯一般贸易		混合贸易		纯加工贸易	
投入品关税削减	-6.001*** (0.250)	-4.453*** (0.336)	4.130*** (0.211)	3.100*** (0.278)	1.898*** (0.270)	1.026*** (0.354)
全要素生产率	0.201*** (0.016)	0.219*** (0.022)	-0.016 (0.013)	-0.037** (0.018)	-0.155*** (0.017)	-0.131*** (0.023)
资本密集度	0.114*** (0.006)	0.124*** (0.008)	-0.028*** (0.005)	-0.030*** (0.007)	-0.054*** (0.007)	-0.056*** (0.009)

续表

变量	(1) 当期	(2) 滞后一期	(3) 当期	(4) 滞后一期	(5) 当期	(6) 滞后一期
	纯一般贸易		混合贸易		纯加工贸易	
企业规模	-0.170*** (0.016)	-0.194*** (0.022)	0.064*** (0.014)	0.100*** (0.018)	0.0436** (0.017)	0.013 (0.023)
人均工资水平	0.058*** (0.012)	0.089*** (0.016)	0.044*** (0.010)	0.004 (0.013)	-0.121*** (0.013)	-0.099*** (0.016)
行业哑变量	是	是	是	是	是	是
年份哑变量	是	是	是	是	是	是
省份哑变量	是	是	是	是	是	是
观测值	60600	33570	60600	33570	60600	33570

注：括号中为估计系数的标准误差，采用 Probit 模型进行估计。

表 3.5 反映了企业层面投入品关税削减对企业出口贸易方式选择的影响。其中，第（1）~（2）列反映了企业层面进口投入品关税下降对出口企业选择纯一般贸易的影响。由表中第（1）列和第（2）列可知，企业层面进口投入品关税变化的估计系数显著为负，这说明企业层面进口投入品关税变化对出口企业选择纯一般贸易的作用系数显著为负。当企业进口投入品关税削减幅度越大时，出口企业越有可能选择纯一般贸易方式出口。不仅当期的企业进口投入品关税削减会增大出口企业选择纯一般贸易概率，滞后一期的企业进口投入品关税削减也会显著增大出口企业选择纯一般贸易的概率。并且，企业全要素生产率的估计系数显著为正，这说明企业全要素生产率越高，那么企业选择纯一般贸易出口的概率也越大。

由表 3.5 中第（3）~（4）列可知，企业层面进口投入品关税削减对其选择混合贸易方式出口的估计系数显著为正。这说明当企业进口投入品关税削减幅度越大时，出口企业选择混合贸易方式出口的概率越小。并且，企业当期全要素生产率的估计系数为负，但是并不太显著；而企业全要素生产率滞后一期的估计系数显著为负，这说明企业全要素生产率越高，则在下一期选择混合贸易方式出口的概率越小。

由表3.5中第（5）~（6）列可知，企业层面进口投入品关税削减对于其选择纯加工贸易的估计系数显著为正。这说明当企业进口投入品关税削减幅度越大时，出口企业选择纯加工贸易方式进入国际市场的概率越小。无论是当期进口投入品关税削减还是滞后一期的进口投入品关税削减，该结论都显著成立。并且，企业全要素生产率的估计系数显著为负，这说明企业全要素生产率越高，则出口企业以纯加工贸易方式出口的概率越小。

从其他控制变量来看，资本密集度越高，则出口企业选择纯一般贸易方式出口的概率越大；出口企业选择混合贸易方式和纯加工贸易方式出口的概率越小。这也从侧面印证了我国的劳动密集型行业出口企业中很大部分企业是以加工贸易方式进行出口的。企业人均工资水平越高，则出口企业越有可能选择纯一般贸易方式出口，而选择纯加工贸易方式和混合贸易方式出口的可能性也越低。这是由于企业人均工资水平也在一定程度上反映了企业的技术水平。

表3.6汇报了以劳动生产率来衡量企业生产率时的估计结果。企业进口投入品关税削减的估计系数和表3.5中的估计结果差别不大。并且，除投入品关税削减、企业全要素生产率外，资本密集度、企业规模等企业控制变量的估计结果也与表3.5类似。为了节约篇幅，本研究将其他控制变量估计系数的结果进行省略。以劳动生产率衡量企业生产率的估计结果表明，劳动生产率越高，则出口企业选择纯一般贸易方式出口的概率越大，而选择纯加工贸易和混合贸易的概率越小。

表3.6　以劳动生产率衡量企业生产率时的估计结果

变量	(1) 当期	(2) 滞后一期	(3) 当期	(4) 滞后一期	(5) 当期	(6) 滞后一期
	纯一般贸易		混合贸易		纯加工贸易	
投入品关税削减	-6.017** (0.249)	-4.426*** (0.394)	4.120*** (0.227)	3.136*** (0.322)	1.897*** (0.317)	0.943*** (0.423)
劳动生产率	0.119*** (0.009)	0.123*** (0.014)	-0.022*** (0.008)	-0.025*** (0.011)	-0.064*** (0.014)	-0.071*** (0.009)

注：括号中为估计系数的标准误差，采用Probit模型进行估计。

表 3.7 反映了利用面板 Probit 模型进行估计的结果。由于本研究所使用的数据是面板数据,为了避免估计偏差,使用面板 Probit 模型进行检验。面板 Probit 模型与混合 Probit 模型的主要区别在于面板 Probit 模型关注了随机因素可能带来的内生性问题。并且,检验拒绝了原假设,也说明模型中的随机因素不可以忽略,面板 Probit 模型更合适。

表 3.7 面板 Probit 模型的估计结果

变量	(1) 当期	(2) 滞后一期	(3) 当期	(4) 滞后一期	(5) 当期	(6) 滞后一期
	纯一般贸易		混合贸易		纯加工贸易	
投入品关系削减	-6.568***	-5.283***	3.236***	2.477***	3.102***	2.947***
	(0.499)	(0.681)	(0.370)	(0.505)	(0.525)	(0.722)
全要素生产率	0.033	-0.085	-0.027	-0.026	-0.013	0.105*
	(0.040)	(0.055)	(0.032)	(0.047)	(0.040)	(0.055)
其他控制变量	是	是	是	是	是	是
常数项	是	是	是	是	是	是
观测值	60608	33576	60608	33576	60608	33576
企业数	26669	14058	26669	14058	26669	14058

注:括号中为估计系数的标准误差,采用面板 Probit 模型进行估计。

由表 3.7 可知,出口企业的进口投入品关税削减会增加其以纯一般贸易方式出口的概率,无论是对当期还是下一期的出口概率,进口投入品关税削减会降低其以混合贸易、纯加工贸易方式出口的概率,值得注意的是,企业全要素生产率的估计系数并不太显著。

下面为了检验进口投入品关税削减对于出口企业贸易方式选择的影响,本研究选取范围更小的那部分企业样本,选取了事实上真正经历了进口投入品关税削减的那一部分企业样本,也就是 Dinp<0 的那部分企业,后文类似。这也是选取了严格意义上经历了进口投入品关税削减的企业样本进行估计,估计的结果如表 3.8 所示。企业规模、资本密集度等其他控制变量的估计结果被省略。

由表 3.8 可知,出口企业进口投入品关税的削减将会导致其选择纯一般贸易方式出口的概率增加;而选择混合贸易方式和纯加工贸易方式出口的概率减少。企业劳动生产率越高,则企业选择纯一般贸易方式出口的概率越高,而选择纯加工贸易方式出口的概率越低。

表 3.8 分样本的企业样本的估计结果

变量	(1)	(2)	(3)	(4)	(5)	(6)
	纯一般贸易		混合贸易		纯加工贸易	
投入品关税削减	-28.70***	-25.49***	6.968***	7.401***	25.38***	31.43***
	(1.027)	(0.906)	(0.792)	(0.894)	(1.453)	(1.586)
劳动生产率		0.265***		0.0425		-0.323***
		(0.031)		(0.030)		(0.037)
其他控制变量		是		是		是
观测值	31486	24729	31486	24729	31486	24729
企业数	18453	16849	18453	16849	18453	16849

注:括号中为估计系数的标准误差,采用面板 Probit 模型进行估计。

考虑到企业生产率也是影响企业出口贸易方式的重要因素(陶攀,2014),而且企业进口投入品关税的下降也会对企业生产率具有明显的促进作用(Amiti,2007)。下面将检验企业进口投入品关税削减是否通过企业全要素生产率而发挥作用,影响到企业出口贸易方式的选择。表 3.9 则汇报了估计结果,其中,企业规模等其他控制变量被省略,与上文中相似。

由表 3.9 第(1)列可知,企业全要素生产率的估计系数显著为正。这说明企业全要素生产率越高,则企业选择以纯一般贸易方式出口的概率越大。由第(2)列可知,企业投入品关税削减的系数显著为负,而企业全要素生产率的估计系数不再显著,这说明了企业投入品关税削减是通过提高企业全要素生产率,从而提高企业以纯一般贸易方式进行出口的概率。由第(3)列可知,企业全要素生产率的估计系数为负,但是并不显著。这可能是由于更高的企业全要素生产率对企业以混合贸易方式出口的影响作用不太明显。由第(4)列可知,企业投入品关税削减的估计系数显著为正,这说明企业投入品关税削减会降低其以混合贸易方式出口的概率。由第（5）列可知，企业全要素生产率的估计系数显著为负。这说明企业全要素生产率越高，则企业选择以纯加工贸易方式出口的概率越小。这结果也与陶攀（2014）的研究结论相类似。由第（6）列可知，企业投入品关税的估计系数显著为负，而全要素生产率的估计系数为正，在10%的显著性水平上成立。此外，其他变量估计系数的结果被省略。

表 3.9 考察投入品关税削减作用中间机制影响的估计结果

变量	（1）	（2）	（3）	（4）	（5）	（6）
	纯一般贸易		混合贸易		纯加工贸易	
投入品关税削减		-5.283***		2.477***		2.95***
		(0.681)		(0.505)		(0.72)
全要素生产率	0.093***	-0.085	-0.025	-0.026	-0.066**	0.11*
	(0.027)	(0.055)	(0.021)	(0.047)	(0.028)	(0.06)
其他变量	是	是	是	是	是	是
观测值	105689	60608	105689	60608	105689	60608
样本数	42144	26669	42144	26669	42144	26669

注：括号中为标准误差，采用了面板 Probit 模型进行估计。

为了进一步检验上述估计结论的稳健性，继续选取定义范围更为严格的那部分企业样本作为分析对象，即选取了真正经历了进口投入品关税降低的那部分企业作为研究样本。由表 3.10 可知，企业进口投入品关税削减的作用的估计系数与上文中估计得到的结论大体类似。

表 3.10 范围更严格的企业样本考察中间机制影响的估计结果

变量	（1）	（2）	（3）	（4）	（5）	（6）
	纯一般贸易		混合贸易		纯加工贸易	
投入品关税削减		-25.49***		7.384***		31.54***
		(0.906)		(0.894)		(1.595)
劳动生产率	0.315***	0.265***	0.0300	0.0367	-0.348***	-0.309***
	(0.036)	-25.49***	(0.029)	(0.029)	(0.038)	(0.036)

贸易自由化对中国贸易方式转型影响研究

续表

变量	(1)	(2)	(3)	(4)	(5)	(6)
	纯一般贸易		混合贸易		纯加工贸易	
其他变量	是	是	是	是	是	是
观测值	24776	24776	24776	24776	24776	24776
样本数	16868	16868	16868	16868	16868	16868

注：括号中为标准误差，采用了面板 Probit 模型进行估计。

（二）分样本的估计结果

本小节将对分地区的企业样本进行分析，检验上文结论的稳健性。重点考察企业全要素生产率和进口投入品关税削减的估计系数，企业规模、劳动密集度等其他控制变量在后文中为了节约篇幅将进行省略。表 3.11 汇报了估计的结果。

表 3.11　区分地区企业样本的估计结果

变量	(1)	(2)	(3)	(4)	(5)	(6)
	纯一般贸易		混合贸易		纯加工贸易	
东部地区						
投入品关税削减		-6.961*** (0.512)		3.178*** (0.384)		3.028*** (0.533)
全要素生产率	0.138*** (0.034)	0.145*** (0.0398)	-0.102*** (0.0294)	-0.065** (0.033)	0.240*** (0.049)	-0.046 (0.040)
其他变量	是	是	是	是	是	是
中部地区						
投入品关税削减		-5.748*** (0.927)		4.550*** (0.924)		3.138** (1.461)
全要素生产率	0.071 (0.058)	0.0961 (0.0586)	-0.007 (0.057)	-0.0254 (0.0573)	-0.184** (0.086)	-0.193** (0.0867)
其他变量	是	是	是	是	是	是

续表

变量	(1)	(2)	(3)	(4)	(5)	(6)
	纯一般贸易		混合贸易		纯加工贸易	
西部地区						
投入品关税削减		-4.130***		3.279***		4.861**
		(1.198)		(1.201)		(2.314)
全要素生产率	-0.194**	-0.170*	0.174**	0.155*	0.102	0.0834
	(0.0863)	(0.0869)	(0.0869)	(0.0875)	(0.159)	(0.160)
其他变量	是	是	是	是	是	是

注：括号中为标准误差，东部地区采用了面板 Probit 模型进行估计。

表 3.11 中汇报了不同地区的企业样本的估计结果。由于我国外贸企业主要集中在东部地区的省份。对于东部地区的企业样本来说，仅考察企业全要素生产率的作用效应时，其估计系数显著为正。这也说明企业生产率越高，则会增加企业选择纯一般贸易方式出口的概率。当同时考虑企业进口投入品关税削减和全要素生产率时，企业全要素生产率的估计系数变化不大，而进口投入品关税削减的估计系数显著。这说明当企业进口投入品关税削减会导致出口企业选择纯一般贸易方式出口概率增加。由第 3 列可知，企业全要素生产率的估计系数显著为负，说明东部地区出口企业全要素生产率越高，则其选择混合贸易方式出口的概率越低。企业进口投入品关税减免的系数显著为正，说明进口投入品关税减免将会降低出口企业选择混合贸易方式出口的概率。

当采用东部地区企业样本进行分析时，仅考虑全要素生产率时，其估计系数为正。而当同时考虑进口投入品关税减免和企业全要素生产率时，前者的估计系数显著为正，说明进口投入品关税减免会导致出口企业选择纯加工贸易方式出口的概率越低。全要素生产率的估计系数为负，但是并不太显著。这仍然可以说明进口投入品关税的减免是通过企业全要素生产率发挥作用的。

当采用位于中部地区的企业样本进行分析时，仅考虑企业全要素生产率的作用效果时，其估计系数为正，但是并不显著。同时还考虑了进口投入品关税时，其估计系数仍然是显著为负。这说明企业进口投入品关税减免会导致出口企业选择纯一般贸易方式出口的概率越高。类似地，企业进口投入品关税削减导致出企业选择混合贸易方式和纯加工贸易方式出口的概率越低。出口企业全要素生产率越高，则其选择纯加工贸易方式出口的概率越小；对混合贸易出口方式的概率的影响作用并不明显。这可能是由于混合贸易方式出口企业包含了两种贸易方式类型，因此生产率提升的作用方向不太明确。

对于西部地区的企业样本来说，仅考虑企业全要素生产率时，其估计系数为负。这可能是由于西部地区出口企业的比例很低。其中最重要的是企业进口投入品关税削减的估计系数仍然与上文的结论相似。这说明进口投入品关税削减还导致出口企业选择纯一般贸易方式的概率上升，而选择混合贸易和纯加工贸易方式的概率下降。

表 3.12 汇报了区分地区的子样本进行研究，并且选取了范围更为严格的企业样本进行分析，即真正经历投入品关税削减的那部分企业样本进行分析。由表 3.12 可知，大部分的估计结果仍然与上文结论类似。

表 3.12　区分地区企业样本的估计结果（更严格定义范围的样本）

变量	(1)	(2)	(3)	(4)	(5)	(6)
	纯一般贸易		混合贸易		纯加工贸易	
东部地区						
投入品关税削减		−24.54***		5.852***		25.42***
		(0.807)		(0.844)		(1.404)
全要素生产率	0.638***	0.744***	−0.0884	−0.0873	−0.603***	−0.656***
	(0.0664)	(0.0551)	(0.0573)	(0.0562)	(0.0650)	(0.0651)
其他变量	是	是	是	是	是	是
中部地区						
投入品关税削减		−22.03***		16.40***		12.90**
		(3.667)		(3.080)		(5.637)
全要素生产率	0.0888	0.233	−0.122	−0.194	−0.100	−0.143
	(0.237)	(0.216)	(0.202)	(0.191)	(0.307)	(0.312)
其他变量	是	是	是	是	是	是
西部地区						
投入品关税削减		−11.03***		7.815***		18.83*
		(3.465)		(3.031)		(9.956)

续表

变量	(1)	(2)	(3)	(4)	(5)	(6)
	纯一般贸易		混合贸易		纯加工贸易	
全要素生产率	-0.424	-0.380	0.334	0.308	0.257	0.287
	(0.304)	(0.282)	(0.258)	(0.246)	(0.508)	(0.549)
其他变量	是	是	是	是	是	是

注：括号中为标准误差。

下面将对区分不同所有制的企业样本进行分析。其他控制变量包括了企业规模、资本密集度等变量，后文中为了节约篇幅将省略其估计结果。估计结果如表 3.13 所示。

表 3.13 区分所有制企业样本的估计结果

变量	(1)	(2)	(3)	(4)	(5)	(6)
	纯一般贸易		混合贸易		纯加工贸易	
外资企业						
投入品关税削减		-4.933***		1.910***		1.955***
		(0.585)		(0.425)		(0.580)
全要素生产率	0.198***	0.251***	-0.0763**	-0.087**	-0.076**	-0.081*
	(0.044)	(0.043)	(0.035)	(0.035)	(0.035)	(0.044)
其他变量	是	是	是	是	是	是
国有企业						
投入品关税削减		-6.150***		5.503***		2.930
		(1.599)		(1.487)		(3.028)
全要素生产率	-0.069	-0.285*	0.179	0.146	0.184	0.175
	(0.044)	(0.149)	(0.135)	(0.133)	(0.222)	(0.221)
其他变量	是	是	是	是	是	是
私营企业						
投入品关税削减		-9.390***		7.414***		9.815***
		(0.942)		(0.873)		(1.993)
全要素生产率	0.139	0.211**	-0.204**	-0.247***	0.135	0.130
	(0.107)	(0.097)	(0.096)	(0.090)	(0.151)	(0.152)
其他变量	是	是	是	是	是	是

注：括号中为估计系数的标准误差。

由表 3.13 可知，对于外资企业来说，企业全要素生产率的估计系数显著为正，这说明出口企业全要素生产率越高，则企业以纯一般贸易方式出口的概率越大；并且企业以混合贸易方式和纯加工贸易方式出口的概率越小。当同时考虑进口投入品关税削减和企业全要素生产率时，企业全要素生产率的估计系数显著为正，而进口投入品关税削减的估计系数显著为负。这说明进口投入品关税削减也会导致出口企业以纯一般贸易方式出口的概率越大，而以混合贸易和纯加工贸易方式出口的概率越低。

对于国有企业来说，进口投入品关税削减会导致出口企业选择纯一般贸易方式的概率增加，而选择和混合贸易方式出口的概率变小，但是对于纯加工贸易的影响作用的估计系数并不显著。全要素生产率的估计系数大部分情形下也并不显著。

对于私营企业来说，企业进口投入品关税削减也会导致选择纯一般贸易方式出口的概率上升；混合贸易方式和纯加工贸易方式出口的概率下降。企业全要素生产率的估计系数大体上也与前文类似。这说明了企业进口投入品关税削减会影响到企业出口贸易方式的选择。

下面将采用区分了不同企业的资本密集度的企业样本来估计检验本研究结论的稳健性。区分资本密集度的企业样本的估计结果如表 3.14 所示。由表 3.14 的第（1）列和第（4）列可知，无论是高资本密集度还是低资本密集度的企业样本，进口投入品关税削减的估计系数均是显著为负，这也说明了进口投入品关税削减导致出口企业选择纯一般贸易出口的概率增加。并且由第（2）、第（3）列和第（5）、第（6）列可知，进口投入品关税削减导致出口企业选择混合贸易方式出口和纯加工贸易方式出口的概率变得更小。无论是高资本密集的企业样本还是低资本密集度的企业样本，其结论也与上文中主要的研究结论类似。

上文主要在分析关税削减对已存在出口企业的贸易方式选择的影响，本研究下面还将检验贸易自由化伴随的关税削减对新出口企业的贸易方式选择的影响。下面本研究将分析关税削减对于新出口企业贸易方式选择的影响，构建了如下的实证分析模型：

表 3.14 区分资本密集度的企业样本的估计结果

变量	（1）	（2）	（3）	（4）	（5）	（6）
	一般贸易	混合贸易	加工贸易	一般贸易	混合贸易	加工贸易
	低资本密集度			高资本密集度		
投入品关税削减	-8.693***	3.379***	1.290	-6.109***	3.345***	2.673***
	(0.824)	(0.631)	(0.794)	(0.632)	(0.488)	(0.776)
全要素生产率	0.664***	-0.084	-0.403***	0.182***	-0.014	-0.094
	(0.0668)	(0.056)	(0.064)	(0.060)	(0.045)	(0.064)

注：括号中为估计系数的标准误差。

$$Pr(New\mathrm{Exp\_}M_{ijt}=1)=\beta_0+\beta_1\Delta\mathrm{Input\_}Tariff_{ijt}+\beta_2 X_{ijt}+v_j+\mu_t+\varepsilon_{ijt} \quad (3-4)$$

其中，$New\mathrm{Exp\_}M_{ijt}=1$，$M=(P,O,B)$ 分别代表着新出口企业选择纯一般贸易、混合贸易和纯加工贸易方式进行出口，$\Delta\mathrm{Input\_}Tariff_{ijt}$ 代表着企业进口投入品关税削减幅度，X_{ijt} 代表着其他影响企业出口贸易方式转变的因素。例如，资本密集度、全要素生产率、企业规模、企业工资水平、企业年龄等。

表 3.15 和表 3.16 则反映了投入品关税削减对新出口企业贸易方式选择的影响。表 3.16 第（1）列反映了当只考虑进口投入品关税削减时的影响，其估计系数显著为负。第（2）列则反映了还考虑了企业生产率、企业规模等因素以后的估计结果。进口产品关系削减的估计系数仍然显著为负，并且与第（1）列的估计结果差别不大。企业全要素等变量的估计结果也与上文中类似。第（3）列则反映了当只考虑真正经历了进口投入品关税削减的那一部分新出口企业样本时的估计结果。其作用系数仍然显著为负。

第（1）~第（3）列均是采用混合 Probit 模型进行估计的结果。表 3.15 的第（4）列则采用了面板 Probit 模型估计随机效应。面板 Probit 模型和混合 Probit 模型的主要区别在于前者可以关注到随机效应对估计带来的偏误。通过检验可以对这两种模型进行选择，其原假设是随机因素并不重要，混合 Probit 模型可以接受。检验的 P 值为 0.5，这也说明接受原假设，随机因素可以忽略，可以采用混合 Probit 模型进行分析。

表 3.15 对新出口企业贸易方式选择影响的估计结果（1）

变量	(1) 纯一般贸易	(2) 纯一般贸易	(3) 纯一般贸易	(4) 纯一般贸易
	混合（Pooled）Probit 模型			面板 Probit 模型
投入品关税削减	-2.611*** (0.721)	-2.898*** (0.631)	-7.051*** (1.190)	-3.046 (280.8)
全要素生产率		0.156*** (0.049)	0.164** (0.077)	0.163 (15.07)
企业规模		0.038* (0.020)	0.071** (0.031)	0.040 (3.675)
资本密集度		-0.045 (0.031)	-0.028 (0.048)	-0.048 (4.383)
平均工资水平		0.209*** (0.038)	0.224*** (0.061)	0.220 (20.26)
企业年龄		0.017*** (0.005)	0.009 (0.006)	0.018 (1.625)
行业虚拟变量	是	是	是	是
年份虚拟变量	是	是	是	是
观测值	3073	3125	1341	3073
样本数				1316

注：括号中为估计系数的标准误差。

表 3.16 也是采用混合 Probit 模型进行估计。其中，第（1）列分析了投入品关税削减对新出口企业选择混合贸易方式出口概率的影响，其估计系数显著为负。这说明进口投入品关税削减将会导致新出口企业选择混合贸易方式出口的概率越大。第（3）列分析了投入品关税削减对新出口企业选择纯加工贸易方式出口概率的影响。由第（3）列的结果可知，其估计系数显著为正，这说明投入品关税削减导致新出口企业选择纯加工贸易方式出口概率下降。另外，第（2）列和第（4）列则是选取真正受到进口投入品关税削减影响的那部分新出口企业样本进行分析的结果。由第（2）列和第（4）列可知，其估计系数分别显著为负以及显著为正。这也就说明了进口投入品关税削减将会导致新出口企业选择混合

贸易方式出口的概率增加，而选择纯加工贸易方式出口的概率减少。

表 3.16 对新出口企业贸易方式选择影响的估计结果（2）

变量	（1）混合贸易	（2）混合贸易	（3）纯加工贸易	（4）纯加工贸易
投入品关税削减	-2.898***	-7.051***	2.934***	10.41***
	(0.631)	(1.190)	(0.598)	(1.773)
全要素生产率	0.156***	0.164**	0.0173	0.0773
	(0.049)	(0.077)	(0.054)	(0.088)
其他变量	是	是	是	是
常数项	-1.151***	-1.188*	0.639*	1.102**
	(0.335)	(0.647)	(0.369)	(0.499)
观测值	3073	1341	3038	1316

注：括号中为估计系数的标准误差。

（三）稳健性分析

为了检验上述估计结果的稳健性，下面将使用多值选择模型进行分析。本研究将出口企业选择纯一般贸易方式定义为 1；出口企业选择混合贸易方式定义为 2；出口企业选择纯加工贸易方式定义为 3。在分析中选择第 1 组（纯一般贸易）作为基准组，并且还考虑了企业全要素生产率、资本密集度、企业规模、企业工资等因素的影响，还控制了年份、行业虚拟变量。

由表 3.17 可知，如果企业进口投入品削减幅度越大，则选择混合贸易方式出口、纯加工贸易方式出口的概率越小。企业全要素生产率、资本密集度和企业人均工资水平越高，则选择混合贸易方式与纯加工贸易方式出口的概率越小。企业规模越大，则选择混合贸易方式、纯加工贸易方式的概率越大。而且，将对滞后一期的投入品关税削减后进行估计时，仍然得到类似的结论。企业进口投入品关税削减幅度越大，则出口时选取混合贸易、纯加工贸易方式的概率也就越低。这也和前文中得到的估计结论类似，验证了结论的稳健性。

表 3.17　多值选择 Probit 模型的估计结果

变量	混合贸易	纯加工贸易	混合贸易	纯加工贸易
	当期		滞后一期	
投入品关税削减	8.723***	8.921***	7.886***	8.338***
	(0.310)	(0.374)	(0.395)	(0.465)
全要素生产率	-0.195***	-0.463***	-0.240***	-0.376***
	(0.020)	(0.023)	(0.024)	(0.027)
资本密集度	-0.137***	-0.315***	-0.254***	-0.365***
	(0.008)	(0.009)	(0.009)	(0.010)
企业规模	0.192***	0.290***	0.199***	0.200***
	(0.020)	(0.023)	(0.024)	(0.028)
工资水平	-0.043***	-0.209***	-0.094***	-0.165***
	(0.015)	(0.017)	(0.018)	(0.021)
行业虚拟变量	是	是	是	是
年份虚拟变量	是	是	是	是
观测值	60608	60608	33586	33586

注：括号中为估计系数的标准误差。

在计算企业层面的进口投入品关税时，如果使用当期的进口产品权重来测算进口投入品关税削减，有可能关税削减变化并不是全部来自于进口投入品关税的下降，还可能来自企业进口中间品比例的变化。例如，企业需要使用的某类中间品投入品的关税税率较高，企业可能选用另一种功能类似、关税税率较低的中间投入品进行替代。那么，使用当期的进口权重来计算企业层面进口投入品关税水平时可能体现为关税水平下降。这并不是由于企业真正经历了投入品关税税率下降，而是企业主动选择调整进口产品的组合比例的结果。

而且，由于我国不少企业是为了出口而进口，出口产品市场需求也可能影响到进口产品种类。这可能也就会导致出口贸易方式、贸易产品种类和进口的贸易方式、产品种类有较大关联。由于当期的进口产品种类组合直接影响到当期的进口投入品关税水平，从而出现内生性问题。

为了解决这一问题，本研究参考了田巍和余淼杰（2013）中的处理办法，在下面的分析中使用固定权重来替代原先初始年份的权重，重新计算企业层面的进口投入品关税水平。值得说明的是，HS6 位码 1996 年版本和 2002 年版本有所不同，而本研究此处使用 2000 年的进口贸易权重，因此为了保持每年 HS 位码的一致性，将两类版本进行匹配。具体的做法是，将企业层面关税水平指标中每种中间品关税的权重由该中间品初次出现年份的权重替换为 2000 年的进口比重。具体计算公式见式（3-5）。值得说明的是，由于后续年份中新增的部分中间品在 2000 年并没有进口，那么其对应的权重值则为 0。这主要是为了计算固定产品范围内的关税水平变化，排除了由每年企业的进口产品组合比例变化带来的变动。选取固定权重作为每种中间投入品的关税税率的权重，则可以减少关税水平受到内生性因素的影响。

$$Input\_Tariff_{it} = \sum_{k \in \Theta} \frac{m_{2000}^{k}}{\sum_{k \in \Theta} m_{2000}^{k}} \tau_t^k + 0.05 \times \sum_{k \in \hat{\Theta}} \frac{m_{2000}^{k}}{\sum_{k \in \Theta} m_{2000}^{k}} \tau_t^k \quad (3-5)$$

使用 2000 年固定权重的指标的估计结果见表 3.18。表 3.18 第（1）~第（2）列均是采用混合 Probit 模型估计的结果。其中，第（1）列是选取全部样本的估计结果，第（2）列是选取真正经历了投入品关税削减的那部分样本进行的估计结果。结果表明，企业进口投入品关税削减的估计系数显著为负，结果与前文类似。考虑到此处使用的面板数据，检验后表明应考虑随机因素的影响，使用面板 Probit 模型进行估计更合理。其中，第（3）~第（4）列则是采用了面板 Probit 模型进行估计的结果。估计结果也与前文的结论类似。

表 3.18　使用固定权重来构建关税水平指标的估计结果（1）

变量	(1) 一般贸易 全部样本 （混合 Probit）	(2) 一般贸易 Dinp<0 （混合 Probit）	(3) 一般贸易 全部样本 （面板 Probit）	(4) 一般贸易 Dinp<0 （混合 Probit）
投入品关税削减	-4.231*** (0.266)	-7.106*** (0.333)	-4.007*** (0.580)	-10.94*** (0.788)
全要素生产率	0.269*** (0.016)	0.330*** (0.024)	0.426*** (0.047)	0.496*** (0.062)
资本密集度	0.164*** (0.006)	0.222*** (0.009)	0.336*** (0.019)	0.433*** (0.027)

续表

变量	(1) 一般贸易 全部样本 (混合 Probit)	(2) 一般贸易 Dinp < 0 (混合 Probit)	(3) 一般贸易 全部样本 (面板 Probit)	(4) 一般贸易 Dinp < 0 (混合 Probit)
企业规模	-0.207*** (0.016)	-0.291*** (0.024)	-0.295*** (0.045)	-0.384*** (0.060)
人均工资水平	0.070*** (0.012)	0.140*** (0.018)	0.023 (0.033)	0.149*** (0.046)
企业年龄	0.0132*** (0.001)	0.0160*** (0.002)	0.0352*** (0.004)	0.0457*** (-10.94***)
行业虚拟变量	是	是	是	是
年份虚拟变量	是	是	是	是
观测值	57620	28568	57620	28568
样本数			25289	12348

注：括号中为估计系数的标准误差，其中，使用 Likelihood – ratio of test rho 检验的 P 值检验的结果表明，应该考虑随机效应的影响，使用面板 Probit（RE）模型估计更合适。所以，也将采用面板 Probit（RE）模型进行估计。

表 3.19 汇报了使用固定权重的进口投入品关税削减对出口企业选择混合贸易方式和纯加工贸易方式的影响。结果表明了企业进口投入品的关税削减将会导致出口企业选择纯加工贸易方式的概率变小；也会导致出口企业选择混合贸易方式出口的概率变小，然而当选取真正经历了投入品关税削减的那部分样本进行分析时，其结果并不太稳健。总体而言，采用固定权重的指标来构建测算企业进口投入品关税削减时，估计结论大体上与前文类似。

另外，本章还选取了另一种检验结果稳健性的办法，就是只选取进口中间品的企业样本进行分析。不少研究表明，进口中间品会提升企业生产率（Kasahara & Rodrigue，2008；楚明钦和丁平，2013；张杰等，2015），因此，本研究将研究只进口中间品的企业样本，检验进口关税削减对出口贸易方式选择的影响。进口投入品关税的减少会导致企业进口更多的外国中间品，从而带来技术溢出、提升企业生产率从而改变其出口贸易方式。于是，本章将对只进口外国中间品的企业样本进行分析，并且介绍样本数据的处理办法。

表 3.19 使用固定权重来构建关税水平指标的估计结果（2）

变量	（1） 混合贸易 全部样本 （面板 Probit）	（2） 混合贸易 Dinp<0 （面板 Probit）	（3） 加工贸易 全部样本 （面板 Probit）	（4） 加工贸易 Dinp<0 （面板 Probit）
投入品关税削减	0.829** (0.403)	-0.8625 (0.662)	1.117** (0.5262)	9.850*** (0.935)
全要素生产率	-0.043 (0.035)	-0.099** (0.050)	-0.183*** (0.044)	-0.155** (0.060)
其他控制变量	是	是	是	是
观测值	57620	28568	57620	28568
企业数	25289	12348	26289	12348

注：括号中为估计系数的标准误差，并且采用面板 Probit（RE）模型进行估计。

联合国商品贸易数据库提供的 BEC 分类（Broad Economic Categories）中将贸易商品分为资本品、中间品和消费品三类，中间品的代码分别为 111、121、21、22、31、322、42、53。根据 BEC 分类编码和 HS 编码的对照表，将进口中间品的企业样本筛选出来，然后与工业企业数据库进行匹配。这样就得到只进口外国中间品的企业样本，其样本数量规模会少于前文中使用进口产品的企业样本数量规模。这也可以作为前文研究分析的稳健性检验。另外，计算企业层面投入品关税水平时，所采用的关税权重仍然选取 2000 年的固定权重，这样可以避免内生性问题。利用只进口中间品的企业样本的估计结果如表 3.20 所示。

结果表明，当选取只进口中间品的企业样本进行分析时，大部分的估计结果仍然与前文类似。其中，第（1）列中进口投入品关税削减的估计系数为负，然而并不太显著；但是选取真正经历了进口投入品关税削减的那一部分企业样本进行分析时，其估计系数显著为负。这就说明进口投入品关税的削减将会导致进口中间品的企业选择纯一般贸易方式出口的概率增加。进口投入品关税削减对进口中间品企业选择混合贸易方式出口概率的作用影响也是增加；而对企业选择纯加工贸易方式出口概率的作用影响则是减少。对于进口中间品的那部分企业，进口投入品关税削减也会导致出口企业选择纯一般贸易方式出口的可能性增加，而选择纯加工贸易方式出口可能性较少。

表3.20 考虑只进口中间品（BEC分类）企业分样本的估计结果

变量	(1)	(2)	(3)	(4)	(5)	(6)
	纯一般贸易		混合贸易		纯加工贸易	
	全样本	Dinp<0	全样本	Dinp<0	全样本	Dinp<0
投入品关税削减	-0.318	-3.077***	0.517***	-4.952***	-.57635	8.537***
	(0.267)	(0.639)	(0.187)	(0.498)	(0.243)	(0.649)
全要素生产率	0.203***	0.293***	0.198***	0.0701***	0.032	-0.304***
	(0.022)	(0.035)	(0.061)	(0.027)	(0.074)	(0.033)
其他控制变量	是	是	是	是	是	是
观测值	54398	22167	54398	22167	54398	22167
企业数	24024	11435	24024	11435	24024	11435

注：括号中为估计系数的标准误差，并且采用面板Probit（RE）模型进行估计。

这可能是由于我国进口产品中大部分还是中间品，而且中间品的关税削减也是促进进口贸易自由化政策措施的重要方面，这也就导致了进口品贸易自由化和进口中间品贸易自由化均对企业的出口贸易方式选择有类似的作用效果。

四、本章小结

本章首先构建了企业层面进口投入品关税水平，其次逐步检验了企业进口投入品关税削减对出口企业选择不同贸易方式的影响，最后检验了进口投入品关税削减对出口贸易方式选择的影响机制。通过实证分析得到了如下的结论：

其一，企业进口投入品关税削减将会导致出口企业选择以纯一般贸易方式出口的概率增加；而以混合贸易方式、纯加工贸易方式出口的概率减少，无论是当期还是对下一期的出口概率的作用均是类似的。并且，当选取其他方法和采用其他指标来度量企业进口投入品关税削减时，得到的结论也与主要结论类似。当选取只进口中间品的那部分样本进行分析时，也得到类似的结论。另外，出口企业生产率越高，则其选择以纯加工贸易和混合贸易方式出口的概率越低，选择纯一般贸易方式出口的概率越大。

其二，企业进口投入品关税削减对出口企业贸易方式选择的影响主要是通过企业全要素生产率来发挥作用的。无论是对分地区的企业样本、还是对区分所有制的企业样本进行估计，均得到类似的结论，并且，当采用定义更严格的进口投入品关税削减的企业样本，也得到了类似的结论。这也充分说明了本章估计结果的稳健性。

其三，当分析进口投入品关税削减对新出口企业的出口贸易方式选择的影响时，研究表明企业层面进口投入品关税削减对新出口企业选择纯一般贸易方式、混合贸易方式出口概率的作用显著为正，而对新出口企业选择纯加工贸易方式出口概率的作用显著为负，这也就说明了进口投入品关税削减会影响新出口企业选择更加高级的贸易方式。

第四章 贸易自由化对出口企业贸易方式转变的影响

一、引言

在中国经历贸易自由化的背景下，进口产品关税逐渐下降。研究表明，进口产品关税削减将会导致企业生产率的提升。而企业生产率提升之后，也会影响到出口企业贸易方式的选择。本研究第三章重点分析了企业进口产品关税削减对出口企业贸易方式选择的影响。

同时，贸易方式转型的实现不仅需要更多的出口企业选择一般贸易方式出口，而且还需要原先的加工贸易企业逐渐转变贸易方式，转为一般贸易方式出口，或者更大比例的贸易额以一般贸易方式出口来完成。

那么，关税削减措施、进口准入标准降低等贸易自由化举措是否有力地促进了我国企业外贸方式转变呢？本章将对该问题进行深入研究，分析贸易自由化对于贸易方式转型的影响机制。与以往文献研究的不同之处在于本章的研究点关注在贸易方式转变，并不涉及贸易产品质量升级。

本章将利用工业企业数据和高度细化的海关数据深入实证研究贸易自由化和企业贸易方式转变的关系。主要特点在于以下两方面：

第一，在异质性企业贸易模型的框架下，构建了包含不同贸易方式的异质性企业模型，利用分析进口投入品关税削减对出口企业贸易方式转变的影响作用。

本章将企业按照贸易方式分为纯一般贸易、纯加工贸易和混合贸易三类。并且,将贸易方式转型具体分为两种:其一,贸易方式的动态转变(由混合贸易转为纯一般贸易、纯加工贸易转为混合贸易);其二,混合贸易企业中一般贸易金额份额比重不断增大。

第二,本章详细地实证分析了投入品关税削减促进企业贸易方式转变的作用。投入品关税下降导致企业生产率提高、企业利润提升从而改变企业出口贸易方式。并且,在实证分析中考虑了贸易自由化的内生性,本研究构建进口投入品关税水平时采用固定权重,减少内生性对估计造成的偏误。

本章的主要发现在于:发现投入品关税水平降低促进企业出口贸易方式发生动态转变,该效应在受到关税下降影响更多的企业更为明显。本章的结论也为了解贸易自由化的影响作用提供了有益的补充。

本章将按照以下顺序进行安排:第二节构建异质性企业贸易模型理论分析贸易自由化对出口企业贸易方式转变的影响。第三节实证分析了贸易自由化对出口企业贸易方式转变的影响。第四节本章小结。

二、贸易自由化对出口企业贸易方式转变的理论分析

(一) 理论模型构建

本章构建了包含不同贸易方式的异质性贸易模型,分析关税削减对企业贸易方式转变的影响。与 Brandt 和 Morrow (2017) 不同之处在于,本章在企业层面进行分析,还考虑了现实中存在的数量规模较大的混合贸易型企业。而且,本研究构建了异质性企业贸易模型,因而对应的实证分析也是利用企业层面的微观数据进行分析,而 Brandt 和 Morrow (2017) 中主要是从行业层面进行分析。

假定存在国内和国外两个市场,不同贸易方式类型的企业在国内和国际市场上销售有所不同。假设纯一般贸易企业既能够在国内销售,也可以在国际市场上销售;而内销企业只能在国内销售;纯加工贸易企业只能在国际市场上销售;而混合贸易企业也是既能够在国内销售,也可以在国际市场上销售,并且分别以一

般贸易和加工贸易两种贸易类型进行销售。

代表性企业 i 在特定贸易方式 j 销售产品的价格是 p_i^j，其中，j 分别可以选择纯内销贸易方式（D）、纯一般贸易方式（O）、纯加工贸易方式（P）、混合贸易方式（B）。代表性企业其生产率水平为 φ_f，其中，D_i^H 和 D_i^F 分别代表了企业 i 面临着国内市场需求和国外市场需求。那么，代表性企业 i 当选择不同的贸易方式出口时，其面临的收益函数如下：

$$r_i^D(\varphi_i) = (D_i^D)[p_i^D(\varphi_i)]^{1-\sigma} \qquad (4-1)$$

式（4-1）代表了内销企业面临的需求函数。该企业的需求量 $r_i^D(\varphi_i)$ 与产品价格 $p_i^D(\varphi_i)$ 成反比例关系，其中，$\sigma > 1$。

$$r_i^P(\varphi_i) = (D_i^F)[p_i^P(\varphi_i)]^{1-\sigma} \qquad (4-2)$$

式（4-2）代表了纯加工贸易企业面临的需求函数。

$$r_i^O(\varphi_i) = (D_i^H + D_i^F)[p_i^O(\varphi_i)]^{1-\sigma} \qquad (4-3)$$

式（4-3）代表了纯一般贸易企业面临的需求函数。此处假定来自国际市场的需求和来自国内市场的需求是相互独立的。

$$r_i^B(\varphi_f) = \beta_i D_i^H[p_i^O(\varphi_i)]^{1-\sigma} + \beta_i D_i^F[p_i^O(\varphi_i)]^{1-\sigma} + (1-\beta_i)D_i^F[p_i^P(\varphi_i)]^{1-\sigma}$$

$$(4-4)$$

式（4-4）代表了混合贸易企业面临的需求函数，混合贸易企业既面临着来自国内市场的需求，也面临着来自国外市场的需求。其中，加工贸易那一部分的需求是来自于国外市场的需求。上式中 β_i 表明了出口贸易中以一般贸易出口的份额。

另外，企业生产最终产品需要进口中间投入品 M_F 和国内的中间投入 M_H，并且中间投入品的价格分别为 p_H 和 p_F。进口中间品的关税为 τ_i，生产固定成本为 f_i^j。假定纯加工贸易的生产固定成本最低，低于其他贸易形式的生产固定成本。

生产函数是按照列昂惕夫函数形式使用国内中间投入品 M_H 和外国中间投入品 M_F 生产的。那么，标准化国内中间投入份额为 1，不同贸易方式进口外国中间投入品份额分别为 γ_i^O 和 γ_i^P。

假定可变成本和固定成本有相同的要素密集度，则纯内销企业的总成本函数如下：

$$TC^D(q_i,\varphi_i,\tau_i p_F,p_H,f_i^D) = [p_H + \gamma_i^O \tau_i p_F]\left[\frac{q_i}{\varphi_i} + f_i^D\right] \qquad (4-5)$$

式（4-5）代表了纯内销企业的总生产成本。由于纯内销企业也可能使用了外国的中间投入品，其中，f_i^D 代表着纯内销企业进行生产经营的生产固定成本。本研究假定生产最终产品只使用了中间投入品进行生产，没有使用劳动力。其中，$p_H + \gamma_i^O \tau_i p_F$ 代表了中间投入品的综合价格水平。

下面是关于纯加工贸易企业的总成本函数：

$$TC^P(q_i,\varphi_i,p_F,p_H,f_i^P) = [p_H + \gamma_i^P p_F]\left[\frac{q_i}{\varphi_i} + f_i^P\right] \qquad (4-6)$$

式（4-6）代表了纯加工贸易企业的总生产成本。纯加工贸易使用进口投入品不需要支付进口关税。其中，f_i^P 代表着纯加工贸易企业进行生产经营的生产固定成本。

下面是关于纯一般贸易企业的总成本函数：

$$TC^O(q_i,\varphi_i,\tau_i p_F,p_H,f_i^O) = [p_H + \gamma_i^O \tau_i p_F]\left[\frac{q_i}{\varphi_i} + f_i^O\right] \qquad (4-7)$$

式（4-7）代表了纯一般贸易企业的总生产成本。纯一般贸易出口企业也会同时使用国内和国外的投入品。其中，f_i^O 代表着纯一般贸易企业进行生产经营的生产固定成本。

下面是关于混合贸易企业的总成本函数：

$$TC^B(q_i,\varphi_i,\tau_i p_F,p_H,f_i^B) = [p_H + \gamma_i^O(\beta_i \tau_i + (1-\beta_i))p_F]\left[\frac{q_i}{\varphi_i} + f_i^B\right] \qquad (4-8)$$

式（4-8）代表了混合贸易企业的总生产成本。该企业进口的外国投入品中属于加工贸易进口部分需要承担关税，而属于一般贸易的部分需要承担关系。其中，f_i^B 代表着纯加工贸易企业进行生产经营的生产固定成本。企业将产品定价为：

$$p_i^D(\varphi_i) = [p_H + \gamma_i^O \tau_i p_F]/[\varphi_i \rho] \qquad (4-9)$$

其中，$\rho = (\sigma-1)/\sigma$，那么，不同贸易类型的企业利润如下：

$$\pi_i^D(\varphi_i) = \frac{D_i^H}{\sigma}[p_H + \gamma_i^D \tau_i p_F]^{1-\sigma}(\rho\varphi_i)^{\sigma-1} - [p_H + \gamma_i^D \tau_i p_F]f_i^D \qquad (4-10)$$

式（4-10）代表了纯内销企业的利润函数。

$$\pi_i^P(\varphi_i) = \frac{D_i^F}{\sigma}[p_H + \gamma_i^P p_F]^{1-\sigma}(\rho\varphi_i)^{\sigma-1} - [p_H + \gamma_i^P p_F]f_i^P \quad (4-11)$$

式（4-11）代表了纯加工贸易企业的利润函数。

$$\pi_i^O(\varphi_i) = \frac{(D_i^F + D_i^H)}{\sigma}[p_H + \gamma_i^O \tau_i p_F]^{1-\sigma}(\rho\varphi_i)^{\sigma-1} - [p_H + \gamma_i^O \tau_i p_F]f_i^O \quad (4-12)$$

式（4-12）代表了纯一般贸易企业的利润函数。

$$\pi_i^B(\varphi_i) = \frac{(D_i^F + D_i^H)}{\sigma}[p_H + \gamma_i^O(\beta_i \tau_i + (1-\beta_i))p_F]^{1-\sigma}(\rho\varphi_i)^{\sigma-1} - [p_H + \gamma_i^O(\beta_i \tau_i + (1-\beta_i))p_F]f_i^B \quad (4-13)$$

式（4-13）代表了混合贸易企业的利润函数。

当企业选择不同的贸易方式出口时，其值函数如下：

$$V_i(\varphi_i) = \max\{0, \pi_i^D(\varphi_i), \pi_i^O(\varphi_i), \pi_i^P(\varphi_i), \pi_i^B(\varphi_i)\} \quad (4-14)$$

式（4-14）代表了当企业退出、纯内销、纯一般贸易、纯加工贸易、混合贸易等贸易方式时获得的企业利润。那么，在企业已经选择了出口的情形下，只有当纯一般贸易的利润最大时，企业才会选择以纯一般贸易方式出口。类似地，企业也由此可以选择以纯加工贸易方式出口或者混合贸易方式出口。

当生产率水平为 φ_i 的企业的利润存在 $\pi_i^O(\varphi_i) > \max\{\pi_i^P(\varphi_i), \pi_i^B(\varphi_i)\}$，那么企业将会选择纯一般贸易出口。当生产率水平为 φ_i 的企业的利润存在 $\pi_i^P(\varphi_i) > \max\{\pi_i^O(\varphi_i), \pi_i^B(\varphi_i)\}$，那么企业会选择纯加工贸易出口。当生产率水平为 φ_i 的企业的利润存在 $\pi_i^B(\varphi_i) > \max\{\pi_i^O(\varphi_i), \pi_i^P(\varphi_i)\}$ 时，企业会选择混合贸易方式出口。

对于任何企业来说，如果存在着 $\pi_i^P(\varphi_i) = \pi_i^D(\varphi_i)$，这意味着对于该企业来说，选择纯加工贸易和纯内销贸易都是利润相同的。那么，则临界状态的企业生产率需要满足如下条件：

$$(\varphi_i^{P*})^{\sigma-1} = \frac{\sigma[[p_H + \gamma_i^P p_F]f_i^P - [p_H + \gamma_i^O \tau_i p_F]f_i^D]}{D_i^F[p_H + \gamma_i^P p_F]^{1-\sigma} - D_i^H[p_H + \gamma_i^O \tau_i p_F]^{1-\sigma}}\rho^{1-\sigma} \quad (4-15)$$

由式（4-15）可知，该表达式右边的分子分母是相同的方向。本研究假定加工贸易的生产固定成本大于纯国内销售的生产固定成本，即 $f_i^P > f_i^D$。那么，如果在两种贸易方式（加工贸易、一般贸易）方式中所使用的外国中间投入品的份额相同时，$\gamma_i^O = \gamma_i^P$。因而 $[p_H + \gamma_i^P p_F] f_i^P > [p_H + \gamma_i^O \tau_i p_F] f_i^D$。

由此可知，$D_i^F [p_H + \gamma_i^P p_F]^{1-\sigma} > D_i^H [p_H + \gamma_i^O \tau_i p_F]^{1-\sigma}$。

对于任何企业来说，如果存在着 $\pi_i^P(\varphi_i) = \pi_i^B(\varphi_i)$，这意味着对于该企业来说，选择纯加工贸易和混合贸易都是利润相同的。那么，则临界状态的企业生产率需要满足如下条件：

$$(\varphi_i^{B*})^{\sigma-1} = \frac{\sigma[[p_H + \gamma_i^P p_F] f_i^P - [p_H + \gamma_i^O (\beta_i \tau_i + (1-\beta_i)) p_F] f_i^B]}{D_i^F [p_H + \gamma_i^P p_F]^{1-\sigma} - (D_i^F + D_i^H)[p_H + \gamma_i^O (\beta_i \tau_i + (1-\beta_i)) p_F]^{1-\sigma}} \rho^{1-\sigma}$$

(4-16)

那么，只有当满足分子、分母均是同时取正值或者负值的时候，该表达式才取正值。

其中，$(\varphi_f^{D*})^{\sigma-1}$ 代表了纯内销和纯加工贸易出口的生产率临界点。$(\varphi_f^{P*})^{\sigma-1}$ 代表了纯加工贸易和混合贸易出口生产率临界点。$(\varphi_f^{B*})^{\sigma-1}$ 代表了混合贸易和纯一般贸易的出口生产率临界点。

类似地，对于任何企业来说，如果存在 $\pi_i^O(\varphi_i) = \pi_i^B(\varphi_i)$，这意味着对该企业来说，选择纯一般贸易和混合贸易都是利润相同的。

$$(\varphi_i^{O*})^{\sigma-1} = \rho^{1-\sigma} \frac{\sigma[[p_H + \gamma_i^O (\beta_i \tau_i + (1-\beta)) p_F] f_i^B - [p_H + \gamma_i^O \tau_i p_F] f_i^O]}{(D_i^F + D_i^H)[p_H + \gamma_i^O (\beta_i \tau_i + (1-\beta_i)) p_F]^{1-\delta} - (D_i^F + D_i^H)[p_H + \gamma_i^O \tau_i p_F]^{1-\delta}}$$

(4-17)

那么，也同样存在类似的企业生产率临界值 φ_f^{O*}。

本研究假定纯加工贸易生产的固定成本小于混合贸易生产的固定成本，$f_i^P < f_i^B$，假定通过两种贸易方式（一般贸易、加工贸易）的外国投入品的比例相同，$\gamma_i^O = \gamma_i^P$。那么可知 $[p_H + \gamma_i^P \tau_i p_F] < [p_H + \gamma_i^O (\beta_i \tau_i + (1-\beta_i)) p_F] f_i^B$。

式（4-16）分母的系数也与之相同，进一步推导可以得到纯加工贸易和混合贸易方式的生产率临界值 φ_i^{B*} 与关税水平 τ_i 之间的关系。

由此可得，$\dfrac{\mathrm{d}[(\varphi_i^{B*})^{\sigma-1}]}{\mathrm{d}\tau_i} > 0$。

这说明当面临关税水平越低时，由纯加工贸易企业转混合贸易出口的门槛值越低。这就说明了当关税水平较低时，更多原先的加工贸易企业可能选择混合贸易从而进行转型出口。

类似地，$f_i^P < f_i^B$，也可以得到 $\dfrac{\mathrm{d}\left[\,(\varphi_i^O)^{\sigma-1}\,\right]}{\mathrm{d}\tau_i} > 0$。

这说明随着关税水平越低，则由混合贸易转为纯一般贸易出口企业的门槛值越低。这说明了当关税水平较低时，更多原先的混合贸易企业可能选择纯一般贸易从而进行出口转型。

后文中将进行实证分析对模型推导得到的假说进行验证。由上文推导可知，当企业进口投入品关税变得更低后，将导致不同贸易方式出口的利润净值有所改变，从而改变其下一期所选择的贸易方式。当企业进口产品关税水平下降以后，纯加工贸易出口与混合贸易方式出口的生产率临界值变得更低，原先纯加工贸易出口的企业更可能选择混合贸易方式进行出口。

当企业进口产品关税水平下降以后，混合贸易方式出口与纯一般贸易方式出口的生产率临界值变得更低，原先混合贸易出口企业更可能选择纯一般贸易方式出口。因而，贸易自由化伴随着关税削减可能通过改变不同贸易方式下出口生产率临界值从而促使企业贸易方式转变。

（二）计量模型、变量和数据

1. 变量指标的衡量

在本章中将企业贸易方式转变定义为贸易方式由加工贸易出口转变为一般贸易出口。出口企业按照贸易方式通常分为三种类型，分别是混合贸易、纯一般贸易、纯加工贸易。混合贸易出口是指企业同时进行一般贸易出口和加工贸易出口。纯一般贸易出口是指企业仅以一般贸易方式进行出口，纯加工贸易出口是指企业仅以加工贸易方式出口。因此，由纯加工贸易出口转为混合贸易出口、混合贸易出口转为纯一般贸易均可以被视为企业出口贸易方式的转变。

由本研究第二章可知，企业出口贸易方式确实存在明显的动态转变，不仅存在纯加工贸易转为混合贸易、混合贸易转为纯一般贸易方式，也存在着少量的纯一般贸易转变为混合贸易，少量的混合贸易转变为纯加工贸易。而后者往往不能视为贸易方式向更高级的贸易方式转型，而且数量规模较少。所以本章重点研究纯加工贸易出口企业转为混合贸易方式、混合贸易出口企业转为纯一般贸易方式的转变。

另外，考虑到现实中还存在许多数量规模较大的混合贸易企业，这类企业在贸易方式转变还可能体现为其一般贸易份额的增加。Brandt 和 Morrow（2017）在行业层面分析贸易自由化对贸易转型的作用时，采用该行业一般贸易出口额占出口贸易总额比重来衡量贸易方式转型。其中，出口贸易总额是行业内一般贸易出口额和加工贸易出口额之和。该指标可以较好地反映行业内一般贸易比重变化的情形。因此，本研究也参考上述方法构建了混合贸易企业的贸易方式份额转变指标，具体如下：

$$S_{o,it} = \frac{V_{O,it}}{V_{o,it} + V_{p,it}} \tag{4-18}$$

其中，$S_{o,it}$ 代表了混合贸易企业 i 在 t 年一般贸易出口额份额，$V_{o,it}$ 代表了企业 i 在 t 年的一般贸易出口总额，$V_{p,it}$ 代表了企业 i 在 t 年的加工贸易出口总额。该指标使用贸易份额的变化来反映混合贸易出口企业中贸易方式份额的转变。

另外，构建企业投入品关税削减 $\Delta Input\_Tariff$ 与第三章中的构建方法类似，因此不再赘述。本章中产出关税 $\Delta Output\_Tariff$ 的构建方法与第五章中的构建方法类似，此处也不再赘述。

2. 计量模型的设定

尽管贸易方式转型在宏观层面的含义主要指由加工贸易方式转变为一般贸易。而由本书第二章的描述性统计可知，大部分出口企业的贸易方式转变并非直接由纯加工贸易出口转变为一般贸易出口，更多是在贸易方式状态相对邻近的两种贸易方式进行转换。例如，由纯加工贸易出口方式转变为混合贸易出口方式，由混合贸易出口方式转变为纯一般贸易出口方式。

根据前文中理论模型的推导可知，贸易自由化带来的企业投入品关税水平降低，将会改变不同贸易方式出口的生产率临界值，从而促使出口企业选择更高级的贸易方式进行出口，具体表现为，由纯加工贸易出口转为混合贸易出口；由混合贸易方式出口转变为纯一般贸易方式出口。

因此，下面本研究将分析投入品关税削减对于出口企业贸易方式转变的影响，构建了如下的实证分析模型：

$$Pr(Trans_{ijt} = 1)\beta_0 + \beta_1 \Delta Input\_Tariff_{ijt} + \beta_2 X_{ijt} + v_j + \mu_t + \varepsilon_{ijt} \tag{4-19}$$

其中，$Trans_{ijt}$ 代表出口企业在 $t+1$ 期转为其他更高级的贸易方式出口的虚拟变量，本研究定义企业层面贸易方式转变是由纯加工贸易出口转为混合贸易出口、由混合贸易出口转为纯一般贸易出口。$\Delta Input\_Tariff_{ijt}$ 代表了企业进口投入品关税削减幅度。X_{ijt} 代表其他影响企业出口贸易方式转变的因素，如资本密集度、全要素生产率、企业规模、企业工资水平等。

3. 数据说明和描述性统计

本章所使用的主要数据来自于 2000~2005 年中国国家统计局的大规模对企业的统计数据和中国海关统计的统计数据。产品关税税率是根据世界贸易组织（WTO）网站上的数据库提供而得到。第一步，根据海关数据库中产品 HS 编码和 WTO 提供的产品关税信息计算企业层面的进口投入品关税水平。第二步，根据海关数据库信息得到所有企业的出口贸易方式，分别选取其中初次出现在样本期就以纯加工贸易方式出口的企业作为第一组研究样本。类似地，也选取初次出现在样本期就以混合贸易方式出口的企业作为第二组研究样本。第三步，再将纯加工贸易出口企业样本、混合贸易出口企业样本和中国工业企业数据库进行匹配，后者可以提供关于企业所有制性质、企业规模等相关信息。第四步，再按照上文中的处理办法，删去贸易中间商的企业样本。最后得到第一组研究样本是52774 个观测值、21661 家混合贸易出口企业，第二组研究样本是 23128 个观测值、12520 家纯加工贸易出口企业。其他可能影响到企业出口贸易方式的控制变量选取企业全要素生产率、企业资本密集度、企业规模、企业人均工资水平等变量，参考了彭冬冬和杜运苏（2016）的处理办法。

下面将汇报两组研究样本关键变量的描述性统计的信息（见表 4.1）。

表 4.1 混合贸易出口企业样本的描述性统计

变量	观察值	均值	标准差	最小值	最大值
贸易方式转型	52774	0.065	0.246	0	1
投入品关税削减	33823	-0.0004	0.027	-0.167	0.168
投入品关税水平	52774	0.015	0.026	0	0.168
全要素生产率	52266	5.326	0.862	0.226	11.657
资本密集度	52289	3.850	1.441	0	11.863

续表

变量	观察值	均值	标准差	最小值	最大值
企业规模	52695	10.744	1.375	2.303	18.644
人均工资水平	52630	8.231	1.249	1.099	15.055
企业年龄	52774	9.426	8.069	1	100

由表4.1可知,混合贸易出口企业中大部分企业在下一期仍然选择原先的贸易方式,较少一部分转而升级为更高级的纯一般贸易方式。由于计算企业进口投入品关税削减时往往牵涉到两期,所以进口投入品关税削减的观测值只有33823个。对比表4.1和表4.2可知,混合贸易出口企业年龄的平均值要大于纯加工贸易出口企业。这说明出口企业存活时间越长,则更可能选择混合贸易方式,而非纯加工贸易方式。类似地,混合贸易出口企业的企业全要素生产率、资本密集度、企业规模、人均工资水平等变量的均值均高于纯加工贸易出口企业。这说明混合贸易出口企业的经营时间更久、生产率更高、资本密集度更高、企业规模更大、人均工资水平更高。

表4.2 纯加工贸易出口企业样本的描述性统计

变量	观测值	均值	标准差	最小值	最大值
贸易方式转型	23128	0.118	0.322	0	1
投入品关税削减	13305	0.0002	0.017	-0.168	0.167
投入品关税水平	23128	0.008	0.017	0	0.168
全要素生产率	22858	5.127	0.913	0.823	10.075
资本密集度	22869	3.555	1.474	0.005	10.206
企业规模	23072	10.398	1.319	4.990	17.361
人均工资水平	23059	8.025	1.205	0	13.22
企业年龄	23128	8.785	5.040	1	81

三、贸易自由化对出口企业贸易方式转变的影响实证分析

下面将重点分析进口投入品关税削减对出口企业贸易方式转变的影响。具体而言，首先，分别讨论了企业层面进口投入品关税削减对混合贸易出口企业的贸易方式转变、纯加工贸易出口企业的贸易方式转变的影响。其次，分析了投入品关税削减对混合贸易出口企业中一般贸易份额变动的影响。

（一）基准回归结果

根据本章上文中所构建的实证回归模型，估计的结果见表4.3。表4.3中第（1）～第（3）列反映了混合贸易出口企业的进口投入品关税降低对其转变为纯一般贸易出口的影响，而其中第（4）～第（6）列反映了纯加工贸易出口企业进口投入品关税降低对其转变为混合贸易出口的影响。由表4.3中第（1）列反映了当利用混合贸易出口企业的全样本进行估计时的估计结果；而表中第（2）列反映了当利用混合贸易出口企业中当期的进口投入品关税低于 $t-1$ 期的进口投入品关税的企业样本进行估计时的估计结果。这是由于，整体上我国企业都面临着产品关税普遍削减下降的趋势，然而具体到某个特定的企业可能有所不同。该企业的进口投入品关税在计算中被采用时，采用企业第一次出现在样本期时的各类进口产品的进口权重作为后续年份计算企业层面进口投入品关税的权重，如果某一种权重较高的进口投入品关税稍微有所上升，可能导致企业进口投入品关税反而有所上升。但是，这类企业的数量较少。从数据上看，大部分的企业其进口关税降幅为负数。

表4.3中第（1）列反映了混合贸易企业全样本的分析结果。估计结果表明，企业进口投入品关税削减的估计系数显著为负，这说明了企业层面进口投入品关税的削减将会增加混合贸易出口企业转变为纯一般贸易出口的概率。表中第（2）～第（3）列反映了利用分样本进行估计时的估计结果。估计结果表明，对

于真正经历了企业进口投入品关税下降的那一部分企业(Dinp<0),进口投入品关税降低,投入品关税削减会导致其由混合贸易出口转型升级为纯一般贸易出口的概率增大。而对于进口投入品关税并没有明显下降的那一部分出口企业,则相比于上一期投入品关税,本期的进口投入品关税水平越高,则企业由混合贸易出口转型为纯一般贸易出口的概率越大。由此可见,关税削减促进贸易方式转变的作用在真正经历企业投入品关税削减的企业样本中尤其明显。

表4.3 对企业出口贸易方式转变影响的估计结果

变量	(1)	(2)	(3)	(4)	(5)	(6)
	混合贸易转纯一般贸易			纯加工贸易转混合贸易		
	全样本	Dinp<0	Dinp>0	全样本	Dinp<0	Dinp>0
投入品关税削减	-2.275***	-4.278***	1.636**	1.452*	-2.932**	2.402**
	(0.470)	(0.644)	(0.723)	(0.874)	(1.325)	(1.204)
全要素生产率	0.116***	0.054	0.192***	0.002	0.043	-0.104
	(0.030)	(0.043)	(0.053)	(0.040)	(0.059)	(0.068)
资本密集度	0.028**	0.012	0.049**	0.063***	0.061***	0.071***
	(0.012)	(0.017)	(0.020)	(0.016)	(0.023)	(0.025)
企业规模	-0.116***	-0.0520	-0.214***	0.00297	-0.0354	0.114
	(0.029)	(0.042)	(0.053)	(0.041)	(0.059)	(0.071)
人均工资水平	-0.029	-0.066**	0.027	0.045	0.035	-0.015
	(0.022)	(0.031)	(0.041)	(0.031)	(0.043)	(0.053)
企业年龄	0.010***	0.010***	0.011***	-0.007*	-0.013**	-0.004
	(0.001)	(0.002)	(0.003)	(0.004)	(0.006)	(0.007)
行业虚拟变量	是	是	是	是	是	是
年份虚拟变量	是	是	是	是	是	是
省份虚拟变量	是	是	是	是	是	是
观测值	23406	12138	8294	9292	5431	2850

注:括号中为估计系数的标准误差,采用Probit模型估计得到。另外,删去了关键变量上下两端5%的样本。

表4.3中第(4)~第(6)列反映了关税削减对纯加工贸易方式出口转型为混合贸易方式出口的影响估计结果。首先,第(4)列是利用纯加工贸易出口

企业全部样本进行估计，企业进口投入品关税削减的估计系数显著为正。当选取纯加工贸易出口企业中真正经历投入品关税削减那一部分样本进行分析时，可以发现，企业进口投入品关税削减的估计系数显著为负数。这也说明，对于那些确实经历了进口投入品关税削减因而受到影响的那一部分纯加工贸易出口企业，其企业进口投入品关税的降低会显著地增加其转变为混合贸易出口的概率。

值得注意的是，虽然来料加工贸易的进口产品不需要缴纳关税，但是进料加工等其他加工贸易方式中海关施行进行"先征后退"的关税征收模式。这也可能导致了部分纯加工贸易企业承受了一定程度的关税税收负担。因此纯加工贸易企业既可能包含来料加工，也可能包含进料加工等其他加工贸易方式。

计算企业层面进口投入品关税水平时，依据进口产品的贸易方式来构建其所面临的投入品关税负担。而企业的进口贸易方式和出口贸易方式可能存在一定相关性。这可能使解释变量和被解释变量之间存在一定的内生性。所以为了避免这部分的影响，本研究首先考虑在每个企业测算进口投入品关税时，采用企业初次出现在样本期时进口贸易方式和贸易额作为参考的权重。另外，本研究还将解释变量滞后一期进行估计分析。因为解释变量滞后一期以后，企业所面临投入品关税削减与其随后两期的贸易方式选择并没有太多直接的相关性。

由表4.4中第（1）~第（3）列可知，投入品关税削减对混合贸易出口企业的贸易方式转变的影响。当采取解释变量的滞后一期进行估计时，在混合贸易出口企业全部样本中，企业进口投入品关税削减幅度的估计系数为负数，但是并不太显著。然而，在真正经历投入品关税削减的混合贸易出口企业分样本中，其估计系数显著为负数。这说明对于那些真正面临了投入品关税削减的混合贸易出口企业而言，其投入品关税削减幅度越大，则其在 $t+2$ 期转变为纯一般贸易出口的概率也越大。而由表中第（3）列可知，对于并没有真正经历过投入品关税削减的那部分混合贸易出口企业而言，企业投入品关税削减的估计系数为正，但是并不太显著。

另外，表4.4中第（4）~第（6）列中，反映了投入品关税削减对纯加工贸易出口企业的贸易方式转变的影响。那么，由表4.4中第（4）列可知，当采用全样本进行分析时，企业进口投入品关税削减的估计系数为负数，但是并不显著。当采用分样本进行分析时，选取真正经历投入品关税削减的纯加工贸易出口企业分样本进行分析可知,企业进口投入品关税削减的估计系数显著为负数。这也说明了当纯加工贸易出口企业投入品关税削减将会显著增加其以混合贸易方式出口的概率。

表4.4 解释变量滞后一期的估计结果

变量	(1)	(2)	(3)	(4)	(5)	(6)
	混合贸易转纯一般贸易			纯加工贸易转混合贸易		
	全样本	Dinp<0	Dinp>0	全样本	Dinp<0	Dinp>0
投入品关税削减	-0.753	-1.923*	0.822	-0.832	-6.786***	-4.546
	(0.655)	(1.048)	(0.967)	(1.377)	(1.870)	(2.815)
全要素生产率	0.180***	0.184***	0.184***	0.052	0.185*	0.059
	(0.045)	(0.064)	(0.067)	(0.062)	(0.097)	(0.163)
其他控制变量	是	是	是	是	是	是
观测值	12492	6194	5256	4752	2604	611

注:括号中为估计系数的标准误差,采用混合Probit模型进行估计。

在上文分析中,采用如果混合贸易出口企业在下一期转为纯一般贸易方式出口或者纯加工贸易方式在下一期转为混合贸易方式出口,则定义为该企业实现了贸易方式转变。下面分析中将采取更为严格的定义标准,也就是说,如果混合贸易出口企业在 $t+1$ 期转为纯一般贸易方式,并且在 $t+2$ 期也是保持了纯一般贸易方式出口,那么则将其定义为贸易方式转变;或者纯加工贸易出口企业在 $t+1$ 期转为混合贸易方式出口,并且在 $t+2$ 期仍然保持混合贸易方式出口,那么,就定义该企业进行了贸易方式转变。

表4.5汇报了采用更严格贸易转型定义标准时的估计结果。由表4.5第(1)~第(3)列可知,混合贸易企业进口投入品关税的削减会导致其转型为纯一般贸易出口的概率增加,并且,对于确实真正受到了进口投入品关税削减的混合贸易企业,该作用效果更为明显。由第(4)~第(6)列可知,纯加工贸易企业进口投入品关税的削减会导致其转型为混合贸易出口的概率增大,并且,对于确实真正受到了进口投入品关税削减的纯加工贸易企业,该作用效果更为明显。

表 4.5 更严格的贸易方式转变定义的估计结果

变量	(1)	(2)	(3)	(4)	(5)	(6)
	混合贸易转纯一般贸易			纯加工贸易转混合贸易		
	全样本	Dinp<0	Dinp>0	全样本	Dinp<0	Dinp>0
投入品关税削减	-1.609***	-2.078***	0.922	2.421**	-2.264*	3.205*
	(0.524)	(0.709)	(0.967)	(1.195)	(1.369)	(1.755)
全要素生产率	0.092**	0.053	0.220***	-0.052	-0.052	-0.015
	(0.037)	(0.051)	(0.066)	(0.043)	(0.059)	(0.071)
其他控制变量	是	是	是	是	是	是
观测值	16632	8516	6279	7684	4255	2721

注：其他控制变量包括省份、年份、行业虚拟变量。采用混合 Probit 模型进行估计。

表 4.6 汇报了采用了面板 Probit 随机效应模型估计的结果。结果表明，当采取混合贸易出口企业全部样本进行分析时，企业层面投入品关税削减的作用系数显著为负的。这也说明企业层面投入品关税削减会增加混合贸易出口企业转为纯一般贸易出口的概率。尤其当选择真正受到投入品关税削减的那一部分企业样本，该效果则更为明显。并且，真正受到了关税削减的那部分纯加工贸易出口企业，其进口投入品关税削减的估计系数也是显著为负。这与上文结论比较接近。

表 4.6 面板 Probit 模型估计结果

变量	(1)	(2)	(3)	(4)	(5)	(6)
	混合贸易转纯一般贸易			纯加工贸易转混合贸易		
	全样本	Dinp<0	Dinp>0	全样本	Dinp<0	Dinp>0
投入品关税削减	-3.211***	-6.154***	3.215***	1.625*	-8.654***	7.209***
	(0.543)	(0.882)	(0.998)	(0.923)	(1.466)	(1.369)
全要素生产率	0.0366	0.131**	0.140**	-0.062	-0.006	-0.125*
	(0.036)	(0.055)	(0.059)	(0.043)	(0.063)	(0.067)
资本密集度	0.105***	0.136***	0.136***	0.106***	0.104***	0.110***
	(0.013)	(0.021)	(0.022)	(0.015)	(0.023)	(0.024)

续表

变量	(1)	(2)	(3)	(4)	(5)	(6)
	混合贸易转纯一般贸易			纯加工贸易转混合贸易		
	全样本	Dinp < 0	Dinp > 0	全样本	Dinp < 0	Dinp > 0
企业规模	−0.040	−0.110**	−0.156***	0.043	−0.008	0.109
	(0.035)	(0.055)	(0.060)	(0.043)	(0.063)	(0.067)
人均工资	−0.073***	−0.091**	0.001	−0.031	−0.034	−0.074
	(0.027)	(0.041)	(0.047)	(0.032)	(0.046)	(0.051)
企业年龄	0.002***	0.020***	0.001	−0.000	−0.010	−0.005
	(0.000)	(0.003)	(0.000)	(0.004)	(0.006)	(0.007)
观测值	33538	17039	10963	13305	7822	3504
样本数	15323	10442	7563	6649	4577	2907

注：括号中估计系数的标准误差。

（二）拓展分析

贸易自由化伴随的产品关税削减可以促进出口企业贸易方式转变，还可能导致混合贸易出口企业的一般贸易份额增加。下面本研究将分析投入品关税削减对于混合贸易企业贸易方式份额变动的影响，构建了如下的实证分析模型：

$$\Delta Share\_\ b_{ijt} = \beta_0 + \beta_1 \Delta Input\_\ Tariff_{ijt} + \beta_2 X_{ijt} + v_j + \mu_t + \varepsilon_{ijt} \qquad (4-20)$$

其中，$\Delta Share\_\ b_{ijt}$ 代表混合贸易出口企业在 t 期的一般贸易出口份额。$\Delta Input\_\ Tariff_{ijt}$ 代表企业进口投入品关税削减幅度。X_{ijt} 代表其他影响企业出口贸易方式转变的因素，如资本密集度、全要素生产率、企业规模、企业人均工资水平、企业年龄等。

由表 4.7 可知，当采取普通最小二乘法进行混合回归估计时，混合贸易出口企业进口投入品关税削减的估计系数显著为负。这说明投入品关税削减将会导致混合贸易出口企业中纯一般贸易的份额增加。当选取范围更严格的分样本进行分析时，估计系数仍然显著为负。而且企业全要素生产率的估计系数也差别不大，都是显著为正，也证实了前文中的结论。

表 4.7 对混合贸易出口企业贸易份额变化影响的估计结果

变量	(1) OLS	(2) OLS (Dinp<0)	(3) 固定效应模型 (FE)	(4) FE (Dinp<0)
投入品关税削减	-0.903**	-1.380**	-0.319	-0.236
	(0.420)	(0.658)	(0.236)	(0.641)
全要素生产率	0.337***	0.304***	0.0412	0.170**
	(0.029)	(0.041)	(0.043)	(0.076)
资本密集度	-0.000***	-0.000***	-2.39e-05	-0.000
	(3.56e-05)	(7.64e-05)	(2.03e-05)	(7.79e-05)
企业规模	-0.269***	-0.248***	-0.0486	-0.108
	(0.028)	(0.040)	(0.044)	(0.076)
企业平均工资	-0.220***	-0.221***	-0.062***	-0.064*
	(0.022)	(0.031)	(0.023)	(0.039)
企业年龄	0.023***	0.019***	0.008**	0.008
	(0.002)	(0.002)	(0.003)	(0.006)
行业虚拟变量	是	是	是	是
年份虚拟变量	是	是	是	是
观测值	28488	14661	28488	14661
R^2	0.111	0.103	0.034	0.026

注：括号中为标准误差，样本删去了关键解释极端值。

由于本研究所使用的数据为面板数据，表 4.7 的第（3）~第（4）列汇报了面板固定效应模型估计的结果。在使用面板固定效应模型之前，先采用豪斯曼检验，其检验结果表明应采取固定效应模型，而非随机效应模型。本研究为了节约篇幅，只汇报了采用固定效应模型进行估计的结果。其中，第（3）列汇报了利用全部样本的估计结果；第（4）列汇报了选取真正经历投入品关税削减的那部分样本的估计结果。混合贸易企业的进口投入品关税削减的估计系数均并不显著。这可能是由于混合贸易出口企业混合了两类贸易方式的特点，导致投入品关税削减的效果不太显著。也可能是由于混合贸易出口本身是一种中间状态的原因，后面将分析持续的混合贸易出口企业样本。

表 4.8 则汇报了采取在样本期 2000~2005 年均持续作为混合贸易出口企业

存在的分样本作为研究对象的估计结果。此处使用平衡面板数据进行分析，估计的结果见表4.8。由表4.8第（1）~第（2）列可知，采用普通最小二乘法进行估计时，混合贸易企业投入品关税削减的估计系数并不显著。企业全要素生产率的估计系数仍然显著为正，这说明混合贸易出口企业全要素生产率越高，则企业出口份额中纯一般贸易份额所占比重也越高。由第（3）~第（4）列可知，当采用固定效应模型进行估计时，混合贸易企业投入品关税削减的估计系数为负。可是，当选取分样本进行分析时，其估计系数不太显著。

表4.8 样本期均持续存在的混合贸易企业样本的估计结果

变量	(1) OLS	(2) OLS（Dinp < 0）	(3) 固定效应模型（FE）	(4) FE（Dinp < 0）
投入品关税削减	-1.262	1.725	-0.725**	-0.481
	(0.773)	(1.287)	(0.367)	(0.859)
全要素生产率	0.299***	0.208***	0.058	0.226**
	(0.054)	(0.076)	(0.067)	(0.112)
其他控制变量	是	是	是	是

注：样本删去了极端值，括号中为估计系数的标准误差。

前文中检验了投入品关税削减对混合贸易出口企业中一般贸易出口份额增加的影响。由上文研究结论可知，部分的估计结果并不太稳健。这可能是由于混合贸易出口企业具有其特殊性。例如，由第二章中关于混合贸易出口企业的描述性统计信息可知，混合贸易出口企业中大约70%的企业—产品仍然是在单种贸易方式下进行出口。例如，混合贸易出口企业甲企业可能有A、B、C三种产品出口，其中，A产品仅仅以加工贸易方式出口，B产品仅仅以一般贸易方式出口，只有C产品才是既以加工贸易方式出口，又以一般贸易方式出口。

因此，如果混合贸易出口企业由原先出口A产品转为出口B产品，也可能体现为贸易方式转变，也可能体现多产品企业的核心产品转变。多产品企业在市场竞争下可能会逐渐转向集中生产其更具有比较优势的核心产品。并且，亢梅玲和田子凤（2016）研究表明大部分出口企业会在出口时进行产品转换，大约过半的企业会同时进行产品的增加或剔除。而且关税削减也会影响到产品的增加或剔除。

因此，为了避免将产品转换和贸易方式转变进行混淆，本研究将对混合贸易出口企业的分析进一步深入到企业—产品层面。例如，在上述例子中只有甲企业中的C产品是同时既以一般贸易出口又以加工贸易出口，因此，选择企业—产品对层面作为本章这一部分的研究对象。

下面将分析贸易自由化伴随的关税削减对于混合贸易企业—产品层面贸易方式转型的影响，构建了如下的实证分析模型：

$$\Delta Share\_b_{ijht} = \beta_0 + \beta_i \Delta InputTariff_{jt} + \Delta OutputTariff_{ht} + \beta_2 X_{it} + E_{jt} + v_j + \mu_t + \varepsilon_{ijt}$$

(4-21)

其中，$\Delta Share\_b_{ijht}$代表j行业内混合贸易出口企业i的第h种产品在t期的一般贸易出口份额变动。$\Delta Input\_Tariff_{jt}$代表行业j投入品关税削减幅度。通过将海关编码和国民经济行业分类编码进行匹配，从而得到第h种产品对应的j行业类别，并且，结合2002年的投入产品表，计算得到j行业的投入品关税削减。

$\Delta Output\_Tariff_{ht}$代表了产品$h$层面的产品产出关税削减幅度。由于本章此处分析的是企业—产品层面的观测样本，因此，控制变量中既包含了企业层面的控制变量，也包含了行业层面的控制变量。因为产品层面从某种程度上也是更加具体细微的行业。X_{it}代表了企业i层面的控制变量，如资本密集度、全要素生产率、企业规模、企业工资水平、企业年龄等。E_{jt}代表了与h产品对应的j行业的行业层面的控制变量，如行业平均资本、平均就业人数、行业劳动生产率等。

表4.9反映了混合贸易出口企业中企业—产品层面的估计结果。第（1）列和第（3）列的估计结果表明，投入品关税削减将会导致混合贸易出口企业的产品以一般贸易出口的份额增加。同时控制了企业层面的特征和行业层面特征的估计结果也比较类似。第（2）列和第（4）列还考虑了产品产出关税削减的影响，估计结果表明，产出关税削减的影响为负，然而并不太显著。这说明混合贸易企业中对其一般贸易份额变动发挥作用的主要仍是投入品关税削减。此外，企业全要素生产率的估计系数是显著为正的。这说明了企业全要素生产率越高，则混合贸易企业产品以一般贸易方式出口的份额增幅越大。

表 4.9 混合贸易出口企业—产品层面的估计结果

变量	(1)	(2)	(3)	(4)
投入品关税削减	-0.004*** (0.001)	-0.004*** (0.001)	-0.004*** (0.001)	-0.003** (0.001)
产出关税削减		-0.000 (0.001)		-0.001 (0.001)
全要素生产率	0.005* (0.003)	0.005* (0.003)	0.006** (0.002)	0.006** (0.002)
其他控制变量	是	是	是	是
行业虚拟变量	否	是	是	是
时间虚拟变量	否	是	是	是
观测值	41178	41178	41178	41178
R^2	0.002	0.003	0.002	0.003

注：样本删去了极端值，括号中为估计系数的标准误差。

（三）稳健性分析

本章下面仍将采用 2000 年的固定权重构建得到企业层面投入品关税削减指标，研究进口投入品关税削减对企业出口贸易方式转变的影响。具体的计算方法见第三章中的相关介绍。估计的结果如表 4.10 所示。其中第（1）~ 第（3）列反映了采用固定权重构建企业层面投入品关税时，企业层面投入品关税削减对原先的混合贸易出口企业转变为纯一般贸易出口概率影响的估计结果。第（4）~ 第（6）列则反映了企业层面投入品关税削减对原先的纯加工贸易出口企业转变为混合贸易出口概率影响的估计结果。由表 4.10 可知，当采用 2000 年的固定权重来构建企业层面投入品关税水平时，得到的估计结果也与上文中的主要结论比较类似。真正经历了投入品关税削减那部分企业的进口投入品关税下降将会导致原先混合贸易出口企业转变为纯一般贸易方式出口的概率增加；导致原先纯加工贸易出口企业转变为混合贸易方式出口的概率增加。

表 4.11 则反映了选取只进口中间品的企业样本分析关税削减对企业出口贸易方式转变的影响。其中，计算企业层面中间投入品关税水平时，仍然选取 2000

年进口中间品的固定权重作为权重,这样可以避免使用当年权重带来的内生性问题。由表 4.11 可知,当选取混合贸易出口企业全部样本作为研究对象时,进口中间投入品关税削减对企业贸易方式转变影响估计系数为负,但是并不显著。当选取真正经历中间投入品关税削减的那部分混合出口企业作为研究对象时,其估计系数显著为负,这也与上文的结论类似。当研究纯加工贸易出口企业向混合贸易方式转型时,其结论也与上文的结论类似。这说明了进口中间投入品关税削减将会导致原先混合贸易出口企业转变为纯一般贸易出口企业的概率增大;导致原先纯加工贸易出口企业转变为混合贸易方式出口企业的概率增大。这也说明,除投入品关税削减具有促进企业出口贸易方式转变的效果外,进口中间品关税的削减也会具有促进企业出口贸易方式转变的作用。

表 4.10 固定权重构建指标的回归结果

变量	(1)	(2)	(3)	(4)	(5)	(6)
	混合贸易转纯一般贸易			纯加工贸易转混合贸易		
	全样本	Dinp<0	Dinp>0	全样本	Dinp<0	Dinp>0
投入品关税削减	-1.734***	-1.381*	0.766	-3.799***	-7.850***	2.090
	(0.610)	(0.792)	(1.567)	(1.096)	(1.365)	(2.592)
全要素生产率	0.066*	0.139***	-0.0310	-0.066	0.008	-0.121
	(0.040)	(0.049)	(0.120)	(0.048)	(0.060)	(0.162)
其他控制变量	是	是	是	是	是	是
观测值	28593	14520	5137	11502	7233	1174
样本数	12899	6860	3747	5623	3257	1023

注:括号中为估计系数的标准误差。采用面板 Probit 模型进行估计得到。

表 4.11 考虑只进口中间品(BEC 分类)企业分样本的估计结果

变量	(1)	(2)	(3)	(4)
	混合贸易转纯一般贸易		纯加工贸易转混合贸易	
	全样本	Dinp<0	全样本	Dinp<0
中间投入品关税削减	-0.121	-0.654*	0.493	-6.400***
	(0.234)	(0.350)	(0.419)	(0.763)

续表

变量	(1)	(2)	(3)	(4)
	混合贸易转纯一般贸易		纯加工贸易转混合贸易	
	全样本	Dinp < 0	全样本	Dinp < 0
全要素生产率	0.123***	0.112***	-0.0325	-0.025
	(0.035)	(0.041)	(0.040)	(0.061)
其他控制变量	是	是	是	是
观测值	38840	14781	17421	7704
样本数	17151	8107	8442	4279

注：括号中为估计系数的标准误差。采用面板 Probit 模型进行估计得到。

为了进一步估计贸易自由化对混合贸易出口企业的影响，接下来将采取倍差法（DID）进行估计。本研究估算企业进口关税负担时，采取更细致的计算方法，因为以往文献在测算企业层面关税时均较少考虑到加工贸易"先征后退"的特点，事实上也导致了企业需要预缴关税税金，也需要承担相应的这部分预缴税金的利息支出。而本研究测算企业层面投入品关税时，参考了田巍（2013）的处理办法，更细致地测算出企业实际承担的关税负担。这样也就可能出现一部分企业的进口产品关税削减数值并不为负，存在一部分企业 Dinp 大于 0 的情形。

由前文分析也可以看到，贸易自由化进程中的关税削减的影响效果在真正经历了进口产品关税削减的那一部分企业样本（Dinp < 0）中发挥得更为明显。因此，本研究接下来分析进口产品关税削减对混合贸易出口企业的纯一般贸易出口份额的影响，也是主要集中在真正经历进口产品关税削减的那一部分企业样本中。

考虑到倍差法可以有效地控制估计中的内生性问题。2001 年 12 月中国加入世贸组织这一外生事件标志着中国加快了促进贸易自由化的步伐。中国加入世界贸易组织后，不仅削减了关税，还进一步取消进口配额等贸易限制，这些措施不仅削减和降低了关税贸易壁垒，同时也削减和降低了非关税的贸易壁垒，有助于贸易自由化的进程。因此，本研究利用 2002 年中国加入世界贸易组织作为外生冲击事件，分析贸易自由化对混合贸易企业贸易方式转变的影响，构建了如下的实证分析模型。

$$Share\_b_{ijt} = \beta_0 + \beta_1 WTO + \beta_2 TREAT + \beta_3 TREAT \times WTO + \beta_4 X_{ijt} + v_j + \mu_t + \varepsilon_{ijt}$$
(4-22)

其中，$Share\_b_{ijt}$ 代表混合贸易出口企业在 t 期的一般贸易出口份额。变量 WTO 代表反映了中国加入 WTO 的外生事件，2002 年以前的观测值取值为 0，2002 年以及取值为 1。变量 TREAT 反映了混合贸易出口企业是否受到了关税削减的影响。如果在样本期 2000～2005 年，混合贸易出口企业的关税削减程度均大于等于 0，则认为这部分企业受到加入 WTO 的影响程度非常小，可以认为其是受产品关税削减、贸易自由化影响程度很低的那部分样本，因此，再将其视为"对照组"；如果样本期 2000～2005 年混合贸易出口企业的关税削减程度均低于 0，则认为其是受产品关税削减、贸易自由化影响程度较高的那部分企业样本，将其视为"处理组"。为了检验贸易自由化的影响，本研究设置了交互项 TREAT × WTO，当变量 WTO 和变量 TREAT 同时取值为 1 时，则交互项 TREAT × WTO 取值为 1，否则取值为 0。通过这种方法，将企业样本划分为 4 组：加入世贸组织前的处理组（$WTO=0$，$TREAT=1$）、加入世贸组织后的处理组（$WTO=1$，$TREAT=1$）、加入世贸组织前的对照组（$WTO=0$，$TREAT=0$）、加入世贸组织后的对照组（$WTO=1$，$TREAT=0$）。

其中，X 代表了其他影响变量，如企业资本密集度、全要素生产率、企业规模、工资水平、企业年龄等变量。由此可见，对于对照组而言，对照组在加入世贸组织之前和之后的被解释变量分别表示为：

$$Share\_b = \begin{cases} \beta_0 & \text{加入世贸组织前} \\ \beta_0 + \beta_1 & \text{加入世贸组织后} \end{cases}$$
(4-23)

因此，在加入世贸组织前后期间，对照组的纯一般贸易出口份额变动为 β_1。β_1 代表了宏观经济变动、技术变革等因素对混合贸易出口企业纯一般贸易份额的影响。而对于处理组而言，处理组在加入世贸组织前后的被解释变量分别表示为：

$$Share\_b = \begin{cases} \beta_0 + \beta_2 & \text{加入世贸组织前} \\ \beta_0 + \beta_1 + \beta_2 + \beta_3 & \text{加入世贸组织后} \end{cases}$$
(4-24)

由此可见，在加入世贸组织前和加入世贸组织后处理组的被解释变量的变化

为 $\beta_1 + \beta_3$。并且，加入世界贸易组织的"净影响"为 β_3。那么，相比于没有受到关税削减影响的那部分企业，如果加入世界贸易组织使受关税削减影响的混合贸易出口企业纯一般贸易份额增加，那么，β_3 的符号应该显著为正。否则，相比于没有受到关税削减影响的那部分企业，如果加入世界贸易组织使得受关税削减影响的混合贸易出口企业纯一般贸易份额减少，那么，β_3 的符号显著为负。

由表 4.12 中第（3）~第（6）列可知，交互项的估计系数显著为负。这说明，相比于没有受到进口关税削减的那一部分混合贸易企业，加入世界贸易组织后受到关税削减的那一部分混合贸易企业的纯一般贸易份额变得更大。

表 4.12 倍差法估计贸易自由化对混合贸易出口企业转型的影响

变量	（1）	（2）	（3）	（4）	（5）
WTO		0.053***	0.095***	0.092***	0.712***
		(0.009)	(0.008)	(0.011)	(0.070)
WTO×处理组			0.106***	0.086***	0.577***
			(0.013)	(0.013)	(0.083)
处理组		−0.020***	0.061***	0.051***	0.405***
		(0.005)	(0.012)	(0.012)	(0.076)
全要素生产率	0.060***	0.060***	0.052***	0.060***	0.347***
	(0.005)	(0.005)	(0.005)	(0.005)	(0.034)
资本密集度	−9.69e−06*	−9.67e−06*	−1.02e−05**	−9.51e−06*	−4.42e−05
	(5.62e−06)	(5.67e−06)	(5.15e−06)	(5.40e−06)	(3.67e−05)
企业规模	−0.022***	−0.022***	−0.016***	−0.023***	−0.278***
	(0.005)	(0.005)	(0.005)	(0.005)	(0.033)
平均工资	−0.014***	−0.014***	−0.025***	−0.013***	−0.093***
	(0.004)	(0.004)	(0.004)	(0.004)	(0.025)
企业年龄	0.0006	0.0006	0.0008	0.0006	0.005
	(0.0005)	(0.0005)	(0.0007)	(0.0005)	(0.005)
行业虚拟变量	是	是	否	是	是
年份虚拟变量	是	是	否	是	是
观测值	21143	21143	21143	21143	21143
R^2	0.078	0.079	0.025	0.081	0.093

注：括号中为估计系数的标准误差。

四、本章小结

首先,本章构建了异质性贸易企业的理论模型,该模型包含了企业不同类型的出口贸易方式。理论模型表明,进口投入品关税下降将会导致不同出口贸易方式企业的利润产生变化,而从改变不同贸易方式出口企业的生产率临界值。进口投入品关税削减后,使纯加工贸易出口转混合贸易出口的门槛值变得更低;混合贸易出口转纯一般贸易出口的门槛值也变得更低。这表明进口投入品关税削减将导致原先纯加工贸易出口企业选择转变为混合贸易方式出口的概率更大;并且,也可能导致原先混合贸易方式出口企业选择转变为纯一般贸易方式出口的概率更大。

其次,本章利用实证模型验证企业层面投入品关税削减对出口企业贸易方式转变的影响。采用匹配后的工业企业数据和海关数据进行实证分析。先检验了企业层面投入品关税削减对出口企业贸易方式转变的影响;再检验混合贸易企业投入品关税削减对其纯一般贸易出口份额变动的影响。

研究结果表明:其一,进口投入品关税削减将会导致纯加工贸易出口企业选择未来一期选择混合贸易出口的概率变得越大;也会导致混合贸易出口企业未来一期选择纯一般贸易方式出口的概率变得越大。并且,当采取更严格的出口贸易方式转变定义的分样本和真正经历关税削减的企业分样本进行分析时,该结论仍然成立。当采取固定权重来构建企业进口投入品关税时,得到的结论也与上文主要结论类似。另外,采用只进口中间品的企业分样本进行分析时,进口中间投入品关税削减也会积极促进企业出口贸易方式转变。

其二,当分析进口投入品关税削减对混合贸易出口企业纯一般贸易份额变动的影响时,其作用影响的系数为负,但是并不太显著。当利用企业—产品层面作为研究对象进行分析时,估计结果表明,投入品关税削减将会导致混合贸易出口企业的产品中一般贸易份额变得更大。

总之,贸易自由化不仅可能使原先相对较低级的出口贸易方式的企业在未来转而选择更高级的出口贸易方式,即纯加工贸易出口企业转变为混合贸易方式出口和混合贸易出口企业转变为纯一般贸易方式;而且,进口品关税削减还会导致混合贸易出口企业的产品中一般贸易份额更大。

第五章 贸易自由化对行业层面
贸易方式转型影响机制分析

一、引言

通常，出口贸易转型升级包含了两个方面，即贸易方式转型和贸易产品质量升级。这两个方面的侧重点有所不同，国内一般文献所指的贸易方式结构转型就是由加工贸易向一般贸易转变。而本研究进一步将贸易方式转变和转型加以区别，前者主要体现在微观经济体的主动决策，而后者则更侧重于行业或产品层面的贸易方式转型。关于贸易自由化对贸易产品升级的研究已有不少。大部分研究都表明，贸易自由化将会提升出口产品质量升级（Amiti and Kandelwal，2013；Fan et al.，2015；Bas and Strauss - Kahn，2015）。而且，贸易自由化会影响出口企业的出口产品范围的调整，如同时增加或者剔除某些产品（亢梅玲和田子凤，2016）。贸易方式转型与产品质量升级、产品范围调整存在明显差别。然而，以往文献对贸易方式转型的研究涉及较少，根据现有检索记录，仅有 Brandt 和 Morrow（2017）、彭冬冬和杜运苏（2016）少量文献研究有所涉及。并且，深入探讨贸易自由化伴随的关税削减对促进贸易方式转型的机制研究也非常少。

由于投入品关税削减导致使用进口品的边际成本降低，或者通过中间投入品自由化引致的竞争能带来多样化效益，或者通过提升进口产品质量影响出口产品质量从而增加企业产品的价格加成（Fan et al.，2017；钱学锋等，2016；Bellone et al.，2016；许明和邓敏，2016）。同时，贸易自由化伴随的产出关税削减也可能通过竞争效应发挥作用，竞争效应导致"强者趋强、弱者趋弱"，从而使得不同价格加成率的产品进行分化,部分贸易产品转为一般贸易出口,而部分出口产品仍然为加工贸易出口甚至转而退出市场。

贸易自由化带来的竞争效应除了会影响到出口贸易方式外,还可能导致进口更加优质的外国中间品或者资本品从而影响到出口贸易方式。研究发现,贸易自由化促使进口质量更高的产品(余淼杰和李乐融;2016)。中间品贸易自由化促进制造业企业进口外国的资本品,从而应用更高的生产技术。该效应对劳动密集型出口企业技术选择影响最弱(陈雯和苗双有,2016)。那么,更高质量的进口中间品或者资本品也有利于企业生产技术的提高,从而使出口企业更倾向选择对技术渠道和营销渠道依赖程度更小的一般贸易方式。

由上述可知,贸易自由化带来进口关税削减,既可能通过成本节约、减少产品的边际成本的方式影响到贸易方式转型;也可能通过竞争效应使得行业内企业产品优胜劣汰从而影响到贸易方式转型,还可能通过进口产品质量提高从而影响到贸易方式转型。那么,贸易自由化对贸易方式转型的影响机制中哪种效应影响更为明显呢?

本章将贸易自由化伴随的关税削减区分为投入品关税削减和产出关税削减,以识别关税削减是通过成本效应、竞争效应抑或进口产品质量效应来促进贸易方式转型。

前文分析贸易自由化对促进贸易方式转型的影响,主要是投入品关税削减对企业层面的出口贸易方式的选择和转变的影响。本章则重点探讨贸易自由化伴随的关税削减对贸易方式转型的机制效应分析,主要是从行业层面以及产品层面来分析贸易自由化对贸易方式转型的影响。

二、贸易自由化对贸易方式转型的影响机制

(一) 贸易自由化对行业层面加工贸易转型作用机制

贸易自由化伴随的产品关税下降可能会降低进口投入品的成本影响到企业产

品的价格加成。同时,贸易自由化降低了外国产品的相对价格,从而对国内的生产厂商造成更为激烈的市场竞争。而企业产品价格加成也可以反映企业异质性差异。同时,市场竞争也会加剧不同价格加成的产品进行分化,进而影响到其出口贸易方式。

另外,进口更加多样化、质量更好的中间投入品会导致对国内企业的技术溢出。企业通过进口获得技术溢出将有利于企业生产技术的提高和出口产品质量的提升。这也在某种程度上增加企业在国际市场销售的竞争力,从而使出口企业更倾向选择对利润率更高、对外商技术渠道和营销渠道依赖程度更小的一般贸易方式。

那么,竞争效应以及进口产品质量效应究竟哪种机制效应是促进贸易方式转型的主要因素,本章将对此进行研究分析。本章主要从行业层面和产品层面分析促进贸易方式转型的效应机制,将行业层面的产出关税削减和投入品关税削减进行区分以识别关税削减带来的不同效应机制。

由于产出关税水平反映行业内同类型的进口产品和国内产品的价格竞争,因此,产出关税削减更适合反映行业内的竞争效应。而投入品关税削减则主要反映了行业内由于成本因素或进口产品质量因素给企业生产技术提升和产品质量提高的助益。因此,投入品关税削减更适合反映成本效应和进口产品质量效应。同时,为了区分这两类效应,本研究还构建和测算了进口产品质量的指标以分析进口产品质量效应对贸易方式转型的影响。

(二) 计量模型、变量和数据

1. 计量模型设定

首先,本研究试图分析行业层面的进口投入品关税削减对出口贸易方式转型的影响,构建了如下的实证分析模型:

$$\Delta Share\_ M_{jt} = \beta_0 + \beta_1 \Delta \mathrm{Input}\_ Tariff_{jt} + \beta_1 X_{jt} + \mu_t + \varepsilon_{ijt} \qquad (5-1)$$

其中,$\Delta Share\_ M_{jt} M = (P, O)$ 分别代表 j 行业内纯加工贸易出口企业数量占比变化、j 行业内纯一般贸易出口企业数量占比变化。$\Delta \mathrm{Input}\_ Tariff_{jt}$ 代表 j 行业 t 时刻的进口投入品关税削减幅度。X_{jt} 行业层面的控制变量则包括了行业就业人数、行业总资产、行业生产率。μ_t 代表年份虚拟变量。

其次，再同时考虑行业层面的产出关税和投入品关税削减对出口贸易方式转型的影响，构建了如下的实证分析模型：

$$\Delta Share\_M_{jt} = \beta_0 + \beta_1 \Delta Input\_Tariff_{jt} + \beta_2 \Delta Onput\_Tariff_{jt} + \beta_3 X_{jt} + \mu_t + \varepsilon_{ijt} \quad (5-2)$$

其中，$\Delta Onput\_Tariff_{jt}$ 代表 j 行业 t 时刻的产出关税削减幅度，而其他的变量与上述公式类似，因此不再赘述。同时考虑投入品关税削减和产出关税削减可以识别行业层面的竞争效应、成本节约效应和进口产品质量效应等效应。

最后，本研究还将继续考虑进口投入品的质量提高对行业产品层面的贸易方式转型的影响。因此，还构建了如下的实证分析模型：

$$\Delta Share\_M_{ht} = \beta_0 + \beta_1 \Delta Onput\_Tariff_{jt} + \beta_2 Q_{jt} + \beta_3 X_{jt} + \mu_t + \varepsilon_{ijt} \quad (5-3)$$

其中，$\Delta Share\_M_{ht}$ 代表 t 时刻第 h 种产品的一般贸易出口份额变动。Q_{jt} 代表第 h 种产品的进口产品质量水平。其他变量仍然与上文类似。式（5-3）主要分析行业产品层面的关税削减带来的竞争效应和进口产品质量效应对贸易方式转型的影响。

2. 数据说明和变量处理

本研究所使用的数据来自中国工业企业数据库和海关数据库，具体与前文类似，因此不再赘述。

行业层面的贸易方式转型主要是分别采用两种衡量方式：其一，采用行业内纯一般贸易、纯加工贸易出口企业数量占比变动来衡量。纯一般贸易出口企业占比变得越大，纯加工贸易出口企业占比变得越小，则说明行业内更多企业选择了一般贸易方式出口，反映了行业层面贸易方式转型。

其二，参考 Brandt 和 Morrow（2017）中的处理办法，采用产品层面的一般贸易份额变动来衡量贸易方式转型。当产品层面的一般贸易出口份额增加时，说明该行业产品更多贸易额是以一般贸易方式完成，从而实现贸易方式转型。

行业层面的产出关税的构建，具体如下：参考 Amiti 和 Konings（2007）的处理办法，将 HS6 位码层面的关税进行简单平均而得到。具体公式如下：

$$Output\_Tariff_{jt} = \frac{\sum_{s \in I_j} n_{st} \tau_{st}^{HS}}{\sum_{s \in I_j} n_{st}} \quad (5-4)$$

其中，$Output\_Tariff_{jt}$ 代表行业 j 中企业 t 时刻所面临的行业层面的产出关税，s 代表 HS6 位码的产品，I_j 代表 j 行业所有产品的集合，n_{st} 代表第 t 年 HS 编码中 6 位码产品 s 的税目数。本研究所使用的进口关税数据来自 WTO 数据库。

此外，本章还考虑了投入品关税削减来刻画贸易自由化水平。投入品关税的测算参考毛其淋（2013）的做法，将其定义为：

$$Input\_Tariff_{jt} = \sum_{g \in G_f} \alpha_{gt} Onput\_Tariff_{gt} \quad (5-5)$$

其中，$Input\_Tariff_{jt}$ 代表行业 j 中企业在年份 t 所面临的行业层面投入品关税；$\alpha_{gt} = \dfrac{Input_{gt}}{\sum_{g \in G_j} Input_{gt}}$ 代表投入品 g 在行业 j 生产中所占的成本份额，该份额是根据 2002 年中国投入产出表而计算得到①。式（5-5）表明，投入品关税是由最终产出关税的加权平均而得到，并且其权重根据 j 行业的投入产品表。如果该行业生产最终产品需要使用来自三个不同行业的中间投入要素，则将三类行业要素投入所占权重乘以行业进口关税税率加权平均得到。

另外，除采用投入品关税削减和产出关税削减来衡量贸易自由化外，本研究还将采用行业层面的进口渗透率来衡量贸易自由化，作为稳健性分析。行业进口渗透率采用行业进口总额与行业总产出的比值来衡量。

其中，进口产品质量 Q_{ht} 估算则参考了余淼杰和李乐融（2016）的处理办法。贸易数据中通常无法直接观测到进口产品的质量，而采用产品的单位价格来衡量产品质量则忽视了企业议价能力的影响。例如，部分资源型产品由于替代性较弱，销售厂商具有较高的市场议价势力，单位价格也较高，但这并不意味该产品具有较高的产品质量。另外，不同国家的要素成本因素也可能成为影响产品单位价格的因素。

在 Kandelwal（2010）的模型中，产品质量被定义为可以增加消费者平均效应的有形或者无形的特征。模型中假设两个国家出口相同价格的同类产品，如果该类产品在进口国拥有不同的市场份额，那么则认为来自两个国家的产品具有不

---

① 参考余淼杰（2016）的处理办法，先找投入产出表和 CIC 中对应的制造业行业，然后将中国工业分类（CIC）和国际标准工业分类（ISIC）进行匹配，再将 ISIC 和 HS6 位码相联系获得 WTO 数据库对应的关税税率。

同的产品质量。某种程度上,类似于估计企业全要素生产率的办法,无法被其价格和数量因素所解释的市场份额则反映了产品质量。其他因素相同情形下,产品市场份额更大则拥有更高的质量。也参考了余淼杰和李乐融(2016)的处理办法,构建了如下的估计方程:

$$\log(S_{cht}) = \lambda_{1,cht} + \lambda_{2,cht} + \alpha\log(p_{cht}) + \sigma\log(nS_{cht}) + \lambda_{3,cht} \quad (5-6)$$

其中,p_{cht} 是产品 ch 在 t 年的单位价值,S_{cht} 代表产品 h 在 t 时期从 c 国进口市场份额。具体公式为:

$S_{cht} = \dfrac{q_{cht}}{market_{jt}}$,其中,$q_{cht}$ 是产品 ch 在 t 年的进口数量,而 $market_{jt}$ 是整个行业 j 的市场规模。为了得到行业层面的市场规模,本研究利用行业层面的进口数量除以行业层面的进口渗透率。$nS_{cht} = \dfrac{q_{cht}}{\sum_{ch \in h} q_{cht}}$。$nS_{cht}$ 为该产品 ch 在同一产品类别 h 中的进口份额,具体计算公式为:

$$market_{jt} = \dfrac{\sum_{ch \in CIC_j} q_{cht}}{\text{Impen}_{jt}} \quad (5-7)$$

最后控制了产品 ch 和年份 t 固定效应,也就是 $\lambda_{1,ch}$ 和 $\lambda_{2,ch}$。

进口渗透率 Impen_{jt} 是采用行业进口总额和行业总产出之比来衡量。由于世界银行提供的 HS 编码 1996 年版本和 2002 年版本有所差异,因此,采用联合国 Com trade 数据网站提供的转换表将 2000 年和 2001 年的 HS 编码转换为 2002 年的 HS 编码统一口径。那么,再将 HS2002 与国民经济行业分类进行转换。并且,利用当年美元中间价将人民币对美元汇率的中间价折换成人民币金额,从而得到行业进口总金额,同时加总行业层面的总产出水平,则就得到行业进口渗透率。

利用估计得到式(5-6)中的估计系数,定义中间品的质量为估计出来的固定效应和残差项之和。

$$Q_{cht} = \hat{\lambda}_{1,ch} + \hat{\lambda}_{2,ch} + \hat{\lambda}_{2,ch} \quad (5-8)$$

式(5-8)表明,将市场份额中不能被价格和进口份额所解释的部分定义为产品质量,类似于采用索罗余值法估算企业的全要素生产率 $Q_{ht} = \sum_{ch \in h} Q_{cht}$。

其中,行业就业人数采用行业总就业人数的对数来衡量,行业总资产采用行业固定资产净值总额的对数来衡量。行业生产率采用加权行业劳动生产率来衡量,权重为企业销售总额占行业销售总额占比。行业赫芬达尔指数是以行业内各企业从业人数衡量企业规模来计算而得。

3. 内生性的处理

通常以往文献研究大多认为出口企业有可能游说影响政府制定关税水平。相比于企业,本研究认为行业协会往往更有能力去游说影响政府制定保护性关税。部分行业有可能去游说政府为保护行业使得关税削减幅度更小,或者将关税削减的规划时间往后推移,为行业发展争取更多的时间。本研究发现加入世界贸易组织前关税水平更高的行业中纯加工贸易出口企业的占比更高。行业层面未被观测到因素也有可能影响到关税削减幅度和行业内加工贸易占比。

为了避免内生性问题,本研究将采用工具变量法进行估计检验,选择中国加入世界贸易组织签署"入世"协定书中的承诺减让关税削减幅度作为实际关税削减的工具变量。这是由于在协议承诺的关税削减幅度往往和每年实际关税削减有一定相关性,但是,签订协议时期的承诺关税通常更不容易受到行业协会游说的影响。因此,本研究将承诺关税减让幅度作为实际关税削减幅度的工具变量。

4. 描述性统计

表5.1代表了国民经济分类中代码为2位数制造业行业层面样本的描述性统计信息。其中,将全部样本根据投入品关税削减是否大于样本中位数区分为两部分。由表5.1可知,大于中位数的样本的一般贸易企业占比份额变动的均值为0.0257,而小于中位数的样本的一般贸易企业数量占比份额变动的均值为0.034。这说明投入品关税削减幅度更大的那部分样本中一般贸易出口企业数量占比变得更大。由于投入品关税削减为负值,投入品关税削减值越小,则关税削减幅度越大。其中,小于中位数的样本的投入品关税水平更高,则是由于通常是关税水平更高的行业才会有更大的关税削减空间。

表5.2反映了国民经济行业分类代码为4位数制造业行业层面的样本的描述性信息。并且,根据产出关税中位数将全部样本区分为两部分。其中,大于中位数的样本的一般贸易企业数量占比份额变动的均值更小,而小于中位数的样本的一般贸易企业数量占比份额变动的均值更大。由于产出关税削减是负值,这说明产出关税削减幅度越大的那部分行业中一般贸易出口企业数量占比更大。

表 5.1　2 位数行业层面样本描述性统计信息

变量	均值	标准差	均值	标准差
	大于中位数		小于中位数	
一般贸易占比变动	0.0257	0.053	0.034	0.036
产出关税削减	-0.882	2.308	-1.504	2.094
投入品关税削减	-0.0596	0.445	-1.735	0.945
行业劳动生产率	6.382	0.921	6.019	0.673
行业总就业人数	12.161	1.633	12.510	1.102
行业总资产	18.144	1.327	18.168	0.952
投入品关税水平	7.218	4.684	9.954	2.904

表 5.2　4 位数行业层面样本描述性统计信息

变量	均值	标准差	均值	标准差
	大于中位数		小于中位数	
一般贸易占比变动	0.015	0.193	0.036	0.211
产出关税削减	3.285	5.376	-5.810	6.137
投入品关税削减	-0.048	0.291	-0.080	0.451
行业劳动生产率	15.578	1.796	15.647	1.745
行业总就业人数	10.229	1.648	10.326	1.602
赫芬达尔指数	0.066	0.189	0.060	0.181

三、贸易自由化对行业层面贸易方式转型影响的实证分析

(一) 基准回归结果

首先,利用代码为 2 位数制造业行业层面的样本分析投入品关税削减对行业内纯加工贸易出口企业占比变化的影响。其次,控制了行业总从业人数、行业总

资产、行业平均生产率等行业层面变量。下面则汇报了行业层面投入品关税削减对纯加工贸易出口方式转变的影响，具体的估计结果如表5.3所示。

表5.3 对纯加工贸易出口企业数量占比变动影响的估计结果

变量	(1)	(2)	(3)	(4)
	纯加工贸易出口企业数量占比变化			
	OLS	固定效应模型	固定效应模型	随机效应模型
投入品关税削减	0.008***	0.006**	0.006*	0.007**
	(0.003)	(0.003)	(0.003)	(0.003)
行业从业人数	0.009		-0.021	0.009
	(0.006)		(0.019)	(0.006)
行业总资产	-0.004		0.014	-0.004
	(0.006)		(0.018)	(0.006)
行业加权生产率	0.007		0.006	0.008
	(0.005)		(0.011)	(0.005)
年份虚拟变量	是	是	是	是
观测值	164	164	164	164
行业样本数		28	28	28

注：括号中为估计系数的标准误差。

表5.3中第（1）列反映了采用普通最小二乘法估计的结果。结果表明，2位数制造业行业层面投入品关税削减对纯加工贸易出口企业数占比变化的估计系数是显著为正的，这说明行业层面进口投入品关税降低将会导致行业内纯加工贸易出口企业数量占比变得更小。其中，第（2）列则是只考虑了行业层面投入品关税削减时的估计结果，估计系数在5%显著性水平上为正。第（3）列和第（4）列则是分别使用了固定效应模型和随机效应模型进行估计的结果。其中，投入品关税削减的估计系数仍然是显著为正。采用F检验结果表明接受原假设，采用混合回归模型估计的结果更适合。

下面继续分析行业层面投入品关税削减对纯一般贸易出口企业数量占比变化的影响。估计的结果如表5.4所示。

表 5.4 对纯一般贸易出口企业数量占比变化影响的估计结果

变量	(1)	(2)	(3)	(4)
	纯一般贸易出口企业数量占比变化			
	OLS	固定效应模型	固定效应模型	随机效应模型
投入品关税削减	-0.006*	-0.008*	-0.007*	-0.0066
	(0.003)	(0.005)	(0.004)	(0.004)
其他行业控制变量	是	否	是	是
年份虚拟变量	是	是	是	是
观察值	164	164	164	164
行业样本数		28	28	28

注：括号中为估计系数的标准误差。

由表 5.4 可知，采用普通最小二乘法估计行业层面投入品关税削减对纯一般贸易出口企业数量占比变化的影响时，其估计系数在 10% 的显著性水平上为负。通过 F 检验可知，应当考虑到行业个体效应。另外，究竟是选取固定效应模型还是随机效应模型，当采用豪斯曼检验进行检验，结果表明，应采取固定效应模型进行估计。第（3）列的固定效应模型估计结果也表明，投入品关税削减的估计系数在 10% 的显著性水平上为负。这说明行业层面投入品关税削减将会导致行业内纯一般贸易出口企业数量占比变得更大。这也意味着行业层面投入品关税削减会促进行业层面的出口贸易方式转型。

由表 5.3 和表 5.4 可知，当考虑投入品关税削减的作用效果时，投入品关税削减的幅度越大，则行业中以纯一般贸易方式出口企业数量占比变得越大；纯加工贸易方式出口企业数量占比变得越小。

下面本研究将同时考虑行业层面产出关税削减和投入品关税削减对不同贸易方式出口企业数量占比变动的影响。估计结果如表 5.5 所示。

由表 5.5 第（1）列可知，行业层面投入品关税削减的估计系数为负，但是并不太显著；产出关税削减的作用系数为负，并在 10% 的显著性水平上成立。第（2）列则汇报了采用固定效应模型估计得到的结果。投入品关税削减和产出关税削减的估计系数为负，然而并不显著。由表 5.5 第（3）列可知，投入品关税削减的估计系数显著为正，并且产出关税削减的估计系数也是显著为正。当采取固定效应模型进行分析时,投入品关税削减的估计系数变得不显著,只有产出关税削减的估计系数仍然显著为正。

表5.5 考虑行业产出关税作用的估计结果

变量	(1)	(2)	(3)	(4)
	纯一般贸易企业数占比变化		纯加工贸易企业数占比变化	
	OLS	固定效应模型	OLS	固定效应模型
投入品关税削减	-0.005	-0.006	0.007***	0.005
	(0.003)	(0.004)	(0.003)	(0.003)
产出关税削减	-0.002*	-0.002	0.002**	0.002**
	(0.001)	(0.001)	(0.001)	(0.001)
其他行业控制变量	是	是	是	是
年份固定效应	是	是	是	是
观测值	164	164	164	164
R^2	0.132	0.289	0.240	0.254
样本数		28		28

注：括号中为估计系数的聚类标准误差。代码16行业是烟草业,烟草业属于垄断性行业,因而将其删掉。表格中数值只保留小数点后3位。

表5.6反映了行业层面投入品关税削减对纯一般贸易出口企业数量占比变化的影响。首先,采用混合回归进行分析;其次,检验是否应该考虑个体效应因素的影响。F检验的结果表明,采用混合回归更为合适。因此,表5.6则汇报了相关的估计结果。

由表5.6可知,第(1)列只考虑投入品关税削减的作用影响时,其估计系数在10%的显著性水平上为负。第(2)列还考虑年份固定效应时的估计结果,进口投入品关税削减的估计系数显著为负。第(3)列则还包括考虑行业总从业人数、行业总固定资产净值等因素时的估计结果。结果表明,投入品关税削减的估计系数仍在10%的显著性水平上为负。第(4)列还包括赫芬达尔指数的估计结果。结果表明,投入品关税削减的系数仍然为负,赫芬达尔指数的估计系数为正,但并不太明显。这说明行业层面投入品关税削减将会导致纯一般贸易出口企业数量占比增大。

表 5.6　纯一般贸易出口企业数量占比变化影响的估计结果（1）

变量	(1)	(2)	(3)	(4)
	纯一般贸易出口企业数量占比变化			
投入品关税削减	-0.004*	-0.008***	-0.005*	-0.005*
	(0.002)	(0.003)	(0.003)	(0.003)
行业从业人数			0.007	0.007
			(0.006)	(0.006)
行业固定资产净值			-0.010**	-0.010**
			(0.005)	(0.005)
赫芬达尔指数				0.046
				(0.071)
年份固定效应		是	是	是
观测值	161	161	161	161
R^2	0.022	0.192	0.223	0.224

注：括号中为标准误差，检验后发现适合使用混合回归模型进行估计。

而表 5.7 反映了还考虑行业层面产出关税削减作用时的估计结果。其中最主要的结论是，当同时考虑投入品关税削减和产出关税削减的作用效果时，产出关税削减的估计系数为负，但是并不显著。这说明在代码为 2 位数制造业行业层面进行分析时，行业层面进口投入品关税削减发挥更明显的作用效果。投入品关税削减可能通过降低成本和产品质量技术溢出的渠道发挥作用，而产出关税所反映的竞争效应对出口企业中一般贸易出口企业数量占比增加的作用并不太明显。

下面分析行业层面投入品关税削减和产出关税削减对混合贸易出口企业数量占比变化的影响。估计得到的结果如表 5.8 所示。其中，第（1）列是只考虑投入品关税削减和产出关税削减的影响时的估计结果，投入品关税削减的估计系数显著为负，而产出关税削减的估计系数显著为正。第（2）~ 第（4）列为考虑了其他因素后的结果。大部分情形下两类关税削减的作用系数并不显著。值得注意的是，第（4）列中赫芬达尔指数的系数在 10% 的显著性水平上为正。这说明行业竞争越激烈，则混合贸易出口企业数量变得越小。这有可能是由于混合贸易企业是既包括一般贸易又包括加工贸易类型的企业，同时受到两类因素的影响。

表5.7 纯一般贸易出口企业数量占比变化影响的估计结果（2）

变量	(1)	(2)	(3)	(4)
	纯一般贸易出口企业数量占比变化			
投入品关税削减	-0.004*	-0.007***	-0.005*	-0.005*
	(0.002)	(0.0026)	(0.003)	(0.003)
产出关税削减	-0.0003	-0.0007	-0.0005	-0.0005
	(0.0009)	(0.0009)	(0.0009)	(0.0009)
行业从业人数			0.006	0.007
			(0.006)	(0.006)
行业固定资产净值			-0.010**	-0.010**
			(0.005)	(0.005)
赫芬达尔指数				0.045
				(0.072)
观测值	161	161	161	161
R^2	0.194	0.224	0.225	0.022

注：括号中为标准误差。

表5.8 混合贸易出口企业数量占比变化影响的估计结果

变量	(1)	(2)	(3)	(4)
	混合贸易出口企业数量占比变化			
投入品关税削减	-0.004**	0.001	-0.002	-0.003
	(0.002)	(0.003)	(0.003)	(0.003)
产出关税削减	0.002**	0.0006	0.0003	0.0003
	(0.001)	(0.001)	(0.001)	(0.001)
行业从业人数		-0.009*	-0.009*	-0.009*
		(0.005)	(0.005)	(0.005)
行业固定资产净值		0.011***	0.011***	0.011***
		(0.004)	(0.0038)	(0.004)
赫芬达尔指数				0.075*
				(0.045)
观测值	163	163	163	163
R^2	0.033	0.155	0.190	0.192

注：括号内为标准误差，检验后仍使用混合回归模型进行估计。

表5.9反映了行业层面关税削减对纯加工贸易出口企业数量占比变化的影响。估计的结果如表5.9所示。由表5.9可知,第(1)列是只考虑投入品关税削减时的估计结果,其估计系数显著为正。这说明投入品关税削减导致纯加工贸易出口企业数量占比变得更小。而其中第(2)列则表明了还同时考虑产出关税削减的影响时,投入品关税削减的估计系数仍然显著为正,但是产出关税削减的估计系数并不显著。第(3)列和第(4)列则是还考虑了其他行业层面控制变量时的估计效果。第(5)列则是还考虑了衡量市场竞争程度的赫芬达尔指数,赫芬达尔指数的估计系数显著为负。这说明,市场竞争可能会导致纯加工贸易出口企业数量占比逐渐下降。总体而言,投入品关税削减的作用程度更大,也就是更多来自于进口成本节约和进口产品技术溢出的因素。

表5.9 对纯加工贸易出口企业数量占比变化影响的估计结果

变量	(1)	(2)	(3)	(4)	(5)
	纯加工贸易出口企业数量占比变化				
投入品关税削减	0.007***	0.008***	0.006**	0.006*	0.006*
	(0.002)	(0.002)	(0.003)	(0.003)	(0.003)
产出关税削减		-0.001	-0.001	0.0002	0.0001
		(0.001)	(0.001)	(0.001)	(0.001)
行业从业人数			-0.008	-0.002	-0.003
			(0.005)	(0.006)	(0.006)
行业固定资产净值			0.004	0.004	0.004
			(0.005)	(0.005)	(0.005)
赫芬达尔指数			-0.079		-0.113*
			(0.080)		(0.056)
观测值	163	163	163	163	163
R^2	0.058	0.065	0.094	0.180	0.184

注:括号中为估计系数的标准误差,采用混合回归模型进行估计。

表5.10是采用行业进口渗透率来作为衡量贸易自由化指标时的估计结果。其中,第(1)列和第(2)列是反映行业进口渗透率对行业内纯一般贸易出口企业数量占比变化影响的估计结果;第(3)列和第(4)列则是反映行业进口

渗透率对行业内纯加工贸易出口企业数量占比变化影响的估计结果。其他控制变量包括行业层面就业人数、行业层面固定资产净值和赫芬达尔指数等。由表5.10第（2）列可知，行业进口渗透率的估计系数在10%的显著性水平上为正。这说明，行业进口渗透率越高，则行业内纯一般贸易出口企业数量占比变得越大。由表5.10第（4）列可知，行业进口渗透率的估计系数为负，然而不太显著。这可能是由于在代码为2位数行业层面的加总进口渗透率的指标时，遗漏了更加具体细微的信息，从而导致估计系数不太显著。

表5.10 采用行业进口渗透率来衡量贸易自由化的估计结果

变量	(1)	(2)	(3)	(4)
	纯一般贸易出口企业数量占比变化		纯加工贸易出口企业数量占比变化	
进口渗透率	0.004	0.040*	-0.031	-0.008
	(0.021)	(0.021)	(0.048)	(0.030)
行业从业人数		0.008		0.0003
		(0.005)		(0.008)
行业固定资产净值		-0.011*		0.008
		(0.007)		(0.012)
赫芬达尔指数		-0.0004		0.010
		(0.006)		(0.009)
年份虚拟变量	是	是	是	是
观测值	163	163	163	163
R^2	0.178	0.231	0.103	0.1817

注：括号内为标准误差。通过F检验表明，应该采取混合回归模型进行估计。

本研究上述均是采用代码为2位数制造业行业层面样本进行分析。由于样本数量较少，而且加总到两位数行业层面可能失去了更细致的行业特征信息。本研究将在代码为4位数制造业行业层面分析关税削减对纯一般贸易出口企业数量占比变化的影响。

前文中构建代码为2位数制造业行业层面投入品关税是利用2002年的投入品产出表作为权重。本研究利用代码为4位数行业从业人数作为权重结合代码为2位数行业层面投入品关税，构建了代码为4位数行业层面的投入品关税水平。

同时,代码为 4 位数行业层面的产出关税的构建办法是仍然采用国民经济分类和海关 HS 编码进行匹配对应后,计算其产品关税算数平均值,从而得到代码为 4 位数行业层面的产出关税水平。估计的结果如表 5.11 所示。

由表 5.11 第(1)列可知,产出关税削减的估计系数显著为负。产出关税削减有利于纯一般贸易出口企业数量变得更大。其中,第(2)列则是还包含了投入品关税削减的估计结果,产出关系削减的估计系数仍然显著为负,而且,投入品关税削减的估计系数也是在 10% 的显著性水平上为负。第(3)~第(4)列则是分别还考虑了行业从业人数、行业总资产、年份虚拟变量等因素时的结果。第(3)~第(4)列的结果仍然与前面第(2)列的结果类似。并且,产出关税削减对纯一般贸易出口企业数量占比变化的作用效果更大。另外,赫芬达尔指数的估计系数并不显著。

表 5.11 对纯一般贸易出口企业数量占比变化影响的估计结果(代码为 4 位数行业层面)

变量	(1)	(2)	(3)	(4)
	纯一般贸易出口企业数量占比变化			
产出关税削减	-0.120***	-0.116***	-0.115***	-0.115**
	(0.044)	(0.044)	(0.044)	(0.045)
投入品关税削减		-0.028**	-0.025*	-0.027*
		(0.014)	(0.014)	(0.015)
行业从业人数			0.003	0.003
			(0.006)	(0.006)
行业资产总额			-0.003	-0.003
			(0.006)	(0.006)
赫芬达尔指数			0.031	0.030
			(0.051)	(0.051)
年份虚拟变量				是
观测值	2,485	2,485	2,485	2,485
R^2	0.003	0.005	0.005	0.008

注:括号内为标准误差。通过 F 检验表明,应该采取混合回归模型进行估计。

在行业层面分析关税削减对行业层面贸易方式转型的影响时,可能存在行业层面未被观测到的因素影响到关税削减幅度,如某些行业协会可能会游说影响政府进行关税削减。为了减少内生性因素的影响,本研究将利用工具变量法进行再估计。

首先,参考了Beauliue (2000) 处理办法,构建了产出关税的工具变量。首先,以2001年的产出关税作为因变量,以1998~2000年的行业产出增长率、工资变化率、就业变化率、利润变化率、销售额变化率等行业特征变量进行截面回归,由此得到2001年产出关税的拟合值。其次,参考Beauliue (2000) 中的处理,用中国加入世界贸易组织时承诺的逐年关税减让表中的关税变动率结合上一步得到的2001年产出关税的拟合值,从而得到不同年份产出关税的拟合值。最后,将得到的产出关税的拟合值作为行业层面产出关税的工具变量,因为当时承诺的产出关税是一种约定关税,是一种前定变量。

为了减少内生性对估计系数造成的偏误,表5.12是采用了工具变量法进行估计的结果。第一阶段的估计结果表明,工具变量的估计系数显著为正,这说明当时的承诺关税减让幅度与解释变量具有正相关关系,这也符合经济现实。第

表5.12 采用工具变量法的估计结果

变量	(1) 一般贸易份额变动	(2)	(3) 混合贸易份额变动	(4)	(5) 加工贸易份额变动
			第一阶段结果		
产出关税削减	-0.075*** (0.013)		-0.013 (0.017)		0.005 (0.013)
投入品关税削减	0.033 (0.024)		-0.025 (0.025)		-0.008 (0.013)
其他控制变量	是		是		是
年份虚拟变量	是		是		是
观察值	1373	1373	1373	1373	1373
产出关税工具变量		0.116** (0.058)		0.116** (0.058)	
弱工具变量检验	MES = 11.46653		MES = 11.46653		

注:括号中为估计系数的标准误差。

一列的估计结果表明,产出关税削减的估计系数显著为负,这说明产品关税削减会导致行业内纯一般贸易出口企业数量占比上升。而投入品关税削减的估计系数并不显著。第(3)列则表明投入品关税削减和产出关税削减的估计系数为负,然而并不显著。第(5)列表明产品关税削减的估计系数并不显著。

(二) 进一步回归结果

下面将从产品层面分析产出关税削减对贸易方式转型的影响。首先,在海关HS编码6位码产品层面汇总不同贸易方式出口的份额,计算得到产品层面的一般贸易出口贸易份额变化。其次,根据WTO网站提供关税数据得到产品层面产出关税削减幅度。接下来分析产品层面产出关税削减对贸易方式转型的影响。

由表5.13可知,第(1)列汇报的是采用全样本进行估计的结果。由第(1)列可知,产品层面产出关税削减对一般贸易出口份额变动的影响为负值,并且在1%的显著性水平上成立。这说明产出关税削减对产品层面的一般贸易出口份额变动的影响显著为负。这也说明产品层面产出关税削减将会导致产品以一般贸易方式出口份额增加。第(2)列则汇报了采用工具变量法进行估计的结果。考虑到产品层面其实也是细分的行业层面,可能存在行业势力游说影响政府对某些产品制定关税。并且,也可能存在产品层面其他遗漏变量因素会影响到产出关税削减。因此,本研究将继续采用工具变量法进行估计,估计的结果如第(2)列所示。

其中,采用当时的承诺关税减让作为产品产出关税削减的工具变量。因为"入世"时承诺的逐年关税减让幅度往往可以作为关税削减的参考依据,这两者之间存在较明显的相关性。另外,承诺的减让关税是签订合约时的前定因素,因而与被解释变量之间具有外生性。

采用工具变量法进行估计时的样本数要少于全部样本。这是由于关税减让表中大部分产品在2004年时均已经完成加入世界贸易组织时承诺的关税削减幅度,2005年以后进行关税削减的产品很少。因此,本研究在选取工具变量法进行估计时,样本期就选择了2000~2004年。而且关税减让表中对农副食品类产品进行产品关税减让得较少。这样也就导致与海关数据库中HS编码6位码产品样本

表 5.13 产品层面关税削减对贸易方式转型影响的估计结果

变量	(1)	(2)	(3)	(4)
	产品层面一般贸易出口份额占比			
	全部样本（混合回归）	全部样本（工具变量法）	中间品样本（混合回归）	中间品样本（工具变量法）
产出关税削减	-0.003***	-0.005**	-0.004***	-0.011***
	(0.0004)	(0.002)	(0.0007)	(0.004)
年份虚拟变量	是	是	是	是
观测值	22582	8188	14123	4546
R^2	0.002		0.004	
		第一阶段		第一阶段
工具变量		0.595***		0.431***
		(0.018)		(0.021)
F 检验		0.000		0.000
弱工具变量检验		MES = 937.385		MES = 323.005

注：括号内为估计系数的标准误差。由于此次使用的是产品层面的数据，产品层面的关税差别较大，其中关税水平最高的产品的税率为121%，而关税水平的均值约为12%，因此，本研究将删去了关键解释变量上端1%的样本。

进行匹配时得到的样本数量会少于全样本。

由表 5.13 中第（2）列可知，采用工具变量法进行回归估计时，产出关税削减的估计系数显著为负，这说明，产品层面的产出关税削减将会导致一般贸易出口份额占比变得更大。并且，第一阶段的估计结果也表明，工具变量和产出关税削减是显著的正相关关系。这说明，大部分产品产出关税实际削减幅度和承诺削减幅度正相关，这也符合经济现实。并且，弱工具变量检验结果也表明，最小估计统计量 MES 值为 937.385，明显高于弱工具变量检验的临界值。这说明，该工具变量并不是弱工具变量。

表 5.13 第（1）列和第（2）列是采用全部样本进行分析的结果。第（3）列和第（4）列则是只选取中间品样本进行估计得到的结果。BEC 分类标准将所有贸易品区分为资本品、最终消费品和中间品。中间品贸易一直是中国进口出口贸易中比较重要的构成部分，为了检验结果的稳健性，本章将只选取中间品样本

进行分析关税削减对贸易方式转型的影响。

由表 5.13 第（3）列可知，产出关税削减的估计系数显著为负，这说明中间品产出关税削减导致产品以一般贸易方式出口份额增加。采用工具变量法进行估计时，其估计系数仍然显著为负。并且，中间品产品样本产出关税削减的估计系数绝对值高于全部产品样本的估计系数绝对值。这说明产出关税削减对于贸易方式转型的作用效果在中间产品中更为明显。

同时，考虑到关税削减对贸易方式转型影响的效果可能存在时间上的滞后性，本研究仍将继续检验产品层面产出关税削减对滞后一期贸易方式转型的作用影响。

表 5.14 是考虑到产出关税削减影响的滞后性时进行估计得到的结果。由表中第（1）~ 第（4）列可知，无论是采用混合模型进行回归估计，还是采用工具变量法进行估计时，滞后一期产出关税削减的估计系数均显著为负。这说明，即使考虑到产出关税削减发挥作用的滞后性，其作用影响仍然是显著为负，与前文的分析结果类似。这说明从更为细致的行业产品层面来看，产出关税削减会导致贸易方式转型。这可能是由于产品层面类是更为细致的行业层面，在更细小的行业市场里竞争更加明显，因而产出关税削减带来的竞争效应更加明显。

表 5.14 解释变量滞后一期的估计结果

变量	(1)	(2)	(3)	(4)
	产品层面一般贸易出口份额占比			
	全部样本（混合回归）	全部样本（工具变量法）	中间品样本（混合回归）	中间品样本（工具变量法）
产出关税削减	-0.002***	-0.006***	-0.002***	-0.010***
	(0.0005)	(0.002)	(0.0007)	(0.004)
年份虚拟变量	是	是	是	是
观测值	18420	6333	11480	3512
R^2	0.003		0.003	

注：括号中为估计系数的标准误差，为了节约篇幅省略了工具变量法估计的第一阶段结果和工具变量的弱工具变量检验的信息。

由于前文中采用代码为 2 位数制造业行业层面的样本进行估计时，投入品关税削减对贸易方式转型的影响效果更为明显，而产出关税削减的作用效果并不太明显。当采取代码为 4 位数制造业行业层面的样本进行估计分析时，产出关税削减的作用更为显著，而投入品关税削减的效果不太显著。而当使用更细致的产品层面的样本进行分析时，估计结果仍然表明，产出关税削减的影响效果非常明显。

这可能表明，在更细致的行业层面或者产品层面上，关税削减主要是通过产出关税削减带来的竞争效应而影响到贸易方式转型。这可能是由于在更具体细微的行业层面反映为范围更细小的产品市场，在范围更细小的产品市场上竞争更激烈，因此，产出关税削减会导致竞争效应从而影响到出口贸易方式的转变。

下文将从产品层面分析进口产品质量对产品出口贸易方式转型的影响。试图分析投入品关税削减带来的进口产品质量技术效应对贸易方式转型的影响。其中，进口产品的质量估计方法参考了余淼杰和李乐融（2016）的处理办法。

考虑到来自相同国家的同种产品在加工贸易方式和一般贸易方式中也可能存在质量差异。所以，在估计进口产品质量时，分别估计了进口产品在加工贸易方式和一般贸易方式中的产品质量水平。这样进行区分可以避免产品进口贸易方式和出口贸易方式具有明显的相关性。

表 5.15 反映了考虑进口产品质量因素的估计结果。其中，估计的产品质量是进口产品在一般贸易方式中的产品质量。第（1）~第（2）列反映了全部样本的估计结果，而第（3）~第（4）列则反映了中间产品样本的估计结果。由第（1）~第（2）列可知，产出关税削减的估计系数显著为负，这说明产出关税削减带来的产品层面的竞争效应会导致产品层面的一般贸易出口份额增加。无论是采用全部产品样本，还是中间产品样本进行分析的结果均是类似。并且，进口产品质量越高，则产品以一般贸易出口份额越大。这说明关税削减带来的进口产品质量效应会有效促进贸易方式转型，使一般贸易份额变得更大。然而，中间产品样本进行分析时其系数并不显著。

表5.15 考虑了进口产品质量的估计结果（一般贸易）

变量	(1)	(2)	(3)	(4)
	行业产品层面一般贸易出口份额占比			
	全部产品样本		中间产品样本	
产出关税削减	-0.0024***	-0.0023***	-0.0022***	-0.0033***
	(0.0006)	(0.0006)	(0.0008)	(0.0009)
进口产品质量	0.0009*	0.0008*	4.46e-05	8.59e-05
	(0.0005)	(0.0005)	(0.0006)	(0.0006)
赫芬达尔指数	0.0154	0.0161	0.0127	0.0015
	(0.0114)	(0.0116)	(0.0138)	(0.0143)
行业从业人数	0.0092***	0.0094***	0.0036	0.0003
	(0.0021)	(0.0021)	(0.0036)	(0.0038)
行业总资产	-0.0058***	-0.0058***	0.0005	0.0033
	(0.0017)	(0.0017)	(0.0034)	(0.0035)
年份虚拟变量	否	是	否	是
观测值	17688	17688	11239	11239
R^2	0.003	0.004	0.003	0.006

注：括号中为估计系数的标准误差，并且保留小数点后4位。

表5.16也反映了考虑进口产品质量因素的估计结果。估计的产品质量是进口产品在加工贸易方式中的产品质量。由表5.16可知，产出关税削减的估计系数显著为负，这说明产出关税削减将会导致行业产品层面一般贸易出口份额占比变得更大。进口产品质量的估计系数显著为正，这说明进口产品质量越高，则产品层面的一般贸易出口份额越大。也说明确实存在进口产品质量效应，进口产品质量越高，越有利于国内产品出口贸易方式的转型。无论是采用全部样本进行分析，还是中间产品样本进行分析，均得到类似的结论。

表5.16 考虑了进口产品质量的估计结果（加工贸易）

变量	(1)	(2)	(3)	(4)
	行业产品层面一般贸易出口份额占比			
	全部产品样本		中间产品样本	
产出关税削减	-0.0019***	-0.0016***	-0.0018**	-0.0027***
	(0.0006)	(0.0006)	(0.0007)	(0.0008)

续表

变量	(1)	(2)	(3)	(4)
	行业产品层面一般贸易出口份额占比			
	全部产品样本		中间产品样本	
进口产品质量	0.0014***	0.0014***	0.0025***	0.0023***
	(0.0005)	(0.0005)	(0.0007)	(0.0007)
赫芬达尔指数	0.0177	0.0188*	0.0203	0.0191
	(0.0108)	(0.0108)	(0.0135)	(0.0136)
行业总从业人数	0.0050**	0.0049**	0.0125***	0.0115***
	(0.0022)	(0.0022)	(0.0037)	(0.0038)
行业总资产	−0.0024	−0.0020	−0.0101***	−0.0090***
	(0.0021)	(0.0021)	(0.0033)	(0.0034)
年份虚拟变量	否	是	否	是
观察值	16746	16746	11542	11542
R^2	0.003	0.004	0.005	0.007

注：括号中为估计系数的标准误差，由于估计系数绝对值较小，此处保留小数点后4位。

四、本章小结

本章利用行业层面以及产品层面的数据实证分析关税削减对贸易方式转型的效应机制。具体地将进口关税削减进一步区分为投入品关税削减和产出关税削减，分别分析两种不同的关税削减所带来的竞争效应和产品质量效应对贸易方式转型的影响。

研究结果表明，从代码为两位数行业层面上看，投入品关税削减将会导致行业层面的纯一般贸易出口企业占比变得越大，而纯加工贸易出口企业占比变得更小。并且，采用进口渗透率作为关税削减的替代指标来衡量贸易自由化时，进口渗透率越高，则行业内纯一般贸易出口企业占比变得越大。

当同时考虑投入品关税削减和产出关税削减对行业层面贸易方式转型的影响

时，产出关税削减也会起到明显促进一般贸易方式出口企业占比增加的作用。而当使用代码为4位数行业层面的样本进行分析时，产出关税削减的作用更为明显。这说明，在范围更细致具体的行业层面产出关税削减带来的竞争效应更为明显。而在范围更大的行业层面，投入关税削减带来的进口产品质量效应更为明显。

另外，当使用产品层面的样本进行分析时，产出关税削减会导致出口产品更大比例贸易额是以一般贸易方式进行出口。这也印证了在更为细致具体的产品层面，产出关税削减带来产品市场竞争更激烈，因而，竞争效应导致贸易方式转型作用比较明显。同时，本研究还考虑了进口产品质量对贸易方式转型的影响。在考虑到一般贸易方式和加工贸易方式给进口产品质量带来差异性的前提下，进口产品质量越高，出口产品以一般贸易方式出口份额越高。这说明在产品层面也存在进口产品质量效应促进贸易方式转型。并且，区分了不同方式进口产品质量差异性以及控制了其他行业层面的因素后该结论也成立。

第六章 我国贸易方式转型对企业生产率的影响机理研究

一、引言

中国经济对外开放初期,外国对华直接投资常常以加工贸易方式进行。这确实给关闭国门许久的中国经济带来新的活力和生机。中国经济逐渐融入国际化的世界经济,企业也积极参与全球价值链分工,出口贸易企业中存在大量加工贸易企业。同时,中国出口企业也出现了"生产率悖论",研究发现出口企业生产率较低是由于加工贸易企业生产率普遍较低。因而,相比于非出口企业,整体而言,出口企业的生产率更低。

许多研究认为加工贸易方式对企业利润、全要素生产率的增加作用十分有限。加工贸易企业的生产率明显低于一般贸易企业与非出口贸易企业(戴觅等,2014;尹翔硕和陈陶然,2015)。也有研究认为是由于加工贸易出口企业的学习能力低于一般贸易出口企业,并且加工贸易出口企业较少进行研发创新,进口中间品的加工贸易模式会抑制其自主创新和生产率提升(吕大国和耿强,2015;张杰,2015)。由此可见,相比于一般贸易方式,"两头在外"的加工型贸易在学习模仿、自主研发创新等方面均存在劣势。这些弊端逐渐凸显,成为加工贸易企业低生产率现象的成因,从而导致部分出口企业生产率反而低于非出口企业悖论的出现。

以上文献的关注点都在加工贸易和一般贸易两种贸易类型上,但是,仅仅按照一般贸易和加工贸易两类贸易方式进行企业分类存在不足。事实上,还有大量企业同时存有两种贸易方式,被称为混合贸易企业,只有少量文献兼而考虑了混合贸易企业的生产率(逯宇铎等,2015;陶攀等,2014)。加工贸易方式本身是否就是出口企业无法获得更多生产率提升的原因呢?是否相比于一般贸易,加工贸易企业生产率处于较低水平呢?那么,兼有两类贸易方式的混合贸易企业生产率又是怎样的呢?

本研究希望对此进行深入研究,因此,构建了考虑贸易关系差异性的理论模型,将出口学习效应来源进一步具体到企业出口贸易关系上,进而分析不同类型贸易关系对企业层面生产率的影响。企业主要通过与贸易伙伴建立贸易关系来接触了解外国市场的需求、标准和技术,贸易关系成为了承载企业出口中学习、获得技术扩散溢出的重要形式。贸易关系的贸易类型差异也就成了影响出口学习中获益多寡的重要因素。

在已有研究的基础上,本研究考虑了加工贸易、一般贸易在出口学习中的差异性,从而分析企业贸易方式影响出口学习效应进而影响企业生产率。本研究可能的创新之处在于:其一,构建了理论模型说明企业建立贸易关系,并且这些贸易关系可能在加工贸易、一般贸易两类贸易模式下进行。这便于说明依存于贸易关系的出口学习效应是如何受到贸易方式影响从而对企业生产率产生作用。其二,构建的理论模型区分了一般贸易企业、加工贸易企业,对以往研究贸易方式的文献在理论上进行补充。并且,实证分析上采用加工贸易关系数占贸易关系总数量之比来反映加工贸易关系强度,该法同时适合于分析一般贸易、混合贸易的贸易关系强度。通常以贸易额占比来反映贸易强度,但该方法往往不能反映企业获得出口学习效应的过程。贸易关系数量越多越可以反映企业接触多样化的客户和市场,从而获得越强的出口学习效应。

与本研究相关的文献主要集中在以下两个方面:

其一,有关出口学习效应的文献。许多研究分别利用发达国家和发展中国家企业数据进行分析,发现存在出口学习效应(Aw et al.,2000;Girma et al.,2004;Alvarez and Lopez,2005;Hahn and Park,2010;Cruz et al.,2014)。许多针对中国企业的经验研究也发现,企业进入出口市场后,与国外进口商贸易时学习对方的管理经验和先进技术,或者会增加研发投入从而吸收技术溢出,从而获得生产率的提升（钱学锋等，2011；张杰等，2009；易靖韬和傅佳莎，2011；戴觅和余淼杰，2012；汤学良等，2015）。Ranjan（2011）发现企业参与出口后通过学习和模仿，技术水平、管理水平、产品与服务质量得到提升，带来企业生产成本的降低和生产效率的提高。邱斌等（2012）研究证实了出口学习效应的存在，并且发现不同规模企业获得该效应存在明显差异。胡翠等（2015）研究发现在出口额相同的情形下，一般贸易方式出口产品种类越多，越有利于企业生产率的提高。这也说明了出口学习效应是存在的，并且受到企业异质性影响具有不同的效果。

其二，关于贸易方式与企业生产率的相关文献。大多数研究认为一般贸易相比于加工贸易对企业生产率作用更大。戴觅等（2014）实证分析发现加工贸易企业的生产率明显低于一般贸易企业与非出口企业。尹翔硕和陈陶然（2015）分析不同贸易方式下出口企业的生产率，发现控制了其他因素后，从事加工贸易出口企业全要素生产率低于非加工贸易出口企业。曾卫锋（2008）发现从单位进口额来看，非加工贸易比加工贸易具有更显著的国际知识溢出。不同的贸易方式体现了参与贸易的企业具有不同的知识接受能力。也有少量研究发现加工贸易对企业生产率具有微弱的正向影响。逯宇铎等（2015）也采用倾向得分匹配法分析了加工贸易活动对企业自身利润率和生产率的影响，发现加工贸易对企业利润率、生产率具有微弱的正向影响效应，该正向影响出现先增强后减弱的趋势。

二、理论模型

假设经济体各企业的产品是垄断竞争的，各企业产品组合构成最终产品，而最终产品的生产函数如下：

$$Y(t) = \left[\int y(j,t)^{\frac{\varepsilon-1}{\varepsilon}} dj \right]^{\frac{\varepsilon}{\varepsilon-1}} \tag{6-1}$$

其中，$y(j,t)$代表企业j在t时刻的产出，ε代表不同企业产品之间的替代弹性。代表性企业j的生产函数如下：

$$y(j,t) = A \sum_{i \in I(j,t)} [\varphi_i(j,t) l_i(j,t)^\delta] \qquad (6-2)$$

其中，$I(j, t)$ 代表 t 时刻企业 j 所有贸易关系的集合。企业 j 通过多种贸易关系出口销售自身产品。$\varphi_i(j, t)$ 表示企业在第 i 种贸易关系中获得自身效率提升的部分，因为企业可以从贸易关系中学习目标市场的技术标准、贸易伙伴管理经验，这也反映了出口学习带来成本降低、生产效率提高。$A(j, t)$ 代表企业层面的生产效率。$l_i(j, t)$ 表示企业生产第 i 种贸易关系产品时所用的劳动力数量。$A(j, t) \varphi_i(j, t) (l_i(j, t))^\delta$ 表示第 i 种贸易关系中企业的销量。假定企业劳动要素规模报酬递减，$\delta < 1$。

如果第 i 种贸易关系是加工贸易型，那么 $\varphi_i(j, t) = 1$；如果第 i 种贸易关系是一般贸易型，则 $\varphi_i(j, t) = \alpha$，$\alpha > 1$ 相比于一般贸易，加工贸易的"两头在外"被动地参与贸易，吸收知识和技术的能力更弱，并且考虑其存在研发抑制因素，因此，出口学习效应代表参数也更小。曾卫锋（2008）也认为中国非加工贸易比加工贸易具有更大更显著的国际知识溢出效应。

值得注意的是，由于出口贸易关系本身就是承载企业获得技术溢出或者竞争压力下成本优化的途径，本研究认为出口学习效应是从每一种具体的贸易关系互动中得到受益，而以往文献认为企业进入出口市场从而获得出口学习效应。因此，本研究认为出口学习效应源于具体细微的出口贸易关系，而非粗略归因于进入出口市场本身。这也便于从模型上更清晰地刻画贸易方式不同导致出口学习效应差异，从而影响到企业层面生产率。

假设企业总共拥有 $n(j, t)$ 种贸易关系，其中，$k(j, t)$ 种贸易关系是一般贸易型，$n(j, t) - k(j, t)$ 种贸易关系是加工贸易型①。每种一般贸易关系的产品生产需要的劳动力为 $l_g(j, t)$，每种加工贸易关系的产品生产需要的劳动力为 $l_p(j, t)$，则企业生产函数变为：

$$y(j, t) = A(j, t) [(n-k) l_p(j, t)^\delta + k \alpha l_g(j, t)^\delta] \qquad (6-3)$$

该企业劳动力总量 $l(j, t) = (n-k) l_p(j, t) + k l_g(j, t)$。企业最优产量时的劳动力投入 $l_g(j, t)$ 和 $l_p(j, t)$ 有如下关系式：

---

① 后文为了简便将分别记为 n 和 $n-k$。

$$\frac{l_p(j, t)}{l_g(j, t)} = \alpha^{\frac{1}{\delta-1}} \qquad (6-4)$$

由于经济体中所有企业都是垄断竞争的,每个企业面临的需求函数如下:

$$y(j, t) = Y(t)p(j, t)^{-\varepsilon} \qquad (6-5)$$

其中,$p(j, t)$ 为企业 j 的产品价格。假定企业产品以相同的价格出售,则企业 j 的利润函数为:

$$\pi(j, t) = y(j, t)p(j, t) - w \times l(j, t) \qquad (6-6)$$

通常大部分企业在持续出口 2~3 年后就会结束(陈勇兵等,2012),因此,本研究考虑了贸易关系会受到不确定性冲击而结束。假定外部冲击是服从达到率为 γ 的泊松分布,即单位时间内贸易关系结束的平均概率为 γ。另外,由于贸易伙伴的搜寻、匹配需要支付沉没成本而且具有较多的不确定性,因此每种贸易关系将给企业带来一定收益。在其他条件一定时,其中加工贸易关系带给企业的利润低于一般贸易关系带给企业的利润。并且,贸易关系需要企业投入固定成本去构建,推导得到企业层面的生产率:

$$A(j, t) = \left[n\left(\frac{k}{n}(1-\alpha^{\frac{1}{\delta-1}})\right)\right]^{\frac{1}{\varepsilon-1}} \qquad (6-7)$$

由此可以得到如下推论:由于当企业加工贸易关系数量 $\frac{n-k}{n}$ 占比越大,则越不利于企业层面生产率的提高,当企业加工贸易关系数量 $\frac{n-k}{n}$ 占比越小,则越有利于企业层面生产率的提高。

三、实证方法、数据处理和描述性统计

由上述理论模型可知,企业以加工贸易方式出口,从出口中学习到外国贸易伙伴的管理和技术溢出较少,不利于提高企业层面生产率。同时,由于企业也面临着不同层次的出口门槛,生产率更高的企业才能通过一般贸易方式在激烈的外国市场上占据市场份额。加工贸易中销售终端渠道由外国企业负责,生产率偏低的企业往往可能选择加工贸易方式进行出口。贸易方式既可能通过出口学习效应来影响企业生产率，也可能由于企业生产率的异质性导致企业选择不同的贸易方式。这种双向因果增加了分析加工贸易方式对生产率影响的难度，为了更准确地分析贸易方式对企业生产率的因果效应，本研究利用广义倾向得分匹配法（GPS）进行分析。

广义倾向得分匹配法适用于分析不同程度处理强度下潜在产出结果的差异性（Hirano and Imbens，2004）。根据上述推论假说可知，企业加工贸易关系数量占比越大，加工贸易关系强度越大，则企业从出口中获得的收益则越小，生产率越低。以往文献主要分析加工贸易方式对企业生产率提升的影响（逯宇铎等，2015）。事实上，仅仅以加工贸易和一般贸易两种贸易方式来区分出口企业贸易类型是有缺陷的，大量出口企业同时存在一般贸易关系和加工型贸易关系①（戴觅等，2014）。

上述理论模型中刻画了企业每种贸易关系的贸易方式以及从该贸易关系中获得学习效应，该理论模型也适用于分析混合贸易企业生产率。当 $k=0$ 时，企业所有贸易关系均为加工贸易型，则为加工贸易企业。当 $k=n$ 时，企业所有贸易关系均为一般贸易型，则为一般贸易企业。当 $0<k<n$ 时，即 $0<\frac{n-k}{n}<1$ 时，企业存在两种出口贸易方式，为混合贸易企业。加工贸易关系强度是 $\frac{n-k}{k}$，位于 [0,1] 连续型处理变量，适合采用广义倾向得分匹配法进行分析。

按照 Hirano 和 Imbens（2004）中的步骤，本研究将进行如下分析：

第一步，在给定匹配变量 X 的情形下，估计处理变量的条件概率密度分布，即估计出口广义倾向匹配得分值。

第二步，用处理变量加工贸易关系强度 D 和上一步估计得到广义倾向得分值 $\hat{R}$ 构建模型，计算出结果变量企业生产率 Y_i 的条件期望。具体公式如下：

$$E(Y_i \mid D_i, \hat{R}) = \alpha_0 + \alpha_1 D_i + \alpha_2 D_i^2 + \alpha_3 \hat{R} + \alpha_4 \hat{R}^2 + \alpha_5 \hat{R} \times D_i \quad (6-8)$$

第三步，将上一步得到的回归结果代入下面的方程中：

---

① 企业的贸易方式主要是一般贸易关系和加工贸易，其中还有少量易货贸易、边境贸易等贸易形式，由于其贸易规模很小，所以本研究忽略了这些贸易形式。

$$\hat{E}(Y(t)) = \frac{1}{N}\sum_N \alpha_0 + \alpha_1 D_i + \alpha_1 D_i^2 + \alpha_3 \hat{R} + \alpha_4 \hat{R}^2 + \alpha_3 \hat{R} \times D_i \qquad (6-9)$$

匹配向量 X 首先必须满足条件独立性假设，参考逯宇铎等（2015）和汤学良等（2016）的研究，本研究选取企业生产率水平的滞后一期、企业年龄、企业规模、资产负债率、资本密集度、员工平均工资作为匹配变量。考虑了贸易方式影响的时间滞后性，本研究的结果变量为企业生产率未来一期。

本研究所用数据来自 2000～2006 年中国工业企业数据库，该数据由国家统计局每年对所有国有企业和销售额在 500 万元以上的非国有企业进行统计得到。由于样本数据量庞大，存在部分统计错误（聂辉华等，2012）。本研究删除了明显不符和遗漏了关键变量的企业样本。出口贸易相关数据来自 2000～2006 年中国海关数据库。根据企业名称将海关数据和工业企业数据进行匹配。

本研究定义一种贸易关系为本年内企业以同一种贸易方式（一般贸易或加工贸易）出口同一种产品种类（以 HS6 位数编码识别）到同一目的地市场。由此计算出企业每年的贸易关系总数和加工贸易方式关系数量。加工贸易关系强度以出口企业中加工贸易关系数占贸易关系总数之比来衡量，反映了出口企业以加工型贸易方式参与出口的程度。加工贸易关系强度越高，说明出口企业参与出口市场程度越高。当加工贸易关系强度取值为 0 时，说明出口企业所有的贸易关系都不是加工贸易型的，即所有的贸易活动都是在一般贸易方式下进行①。当加工贸易关系强度取值为 1 时，说明出口企业所有的贸易关系都是加工型贸易关系。当加工贸易关系强度取值为（0，1）时，说明出口企业一部分贸易是以加工贸易方式进行，另一部分是以一般贸易方式进行。

样本企业中出口企业 105110 个观察值取值为 0，即完全以一般贸易方式进行出口；30743 个观测值取值为 1，即完全以加工贸易方式进行出口；65643 个观测值取值在 0～1，即采用混合贸易方式进行出口。以往文献中往往将加工贸易作为两值变量来处理，这样容易忽略混合型贸易企业样本，不利于考察不同的加工贸易关系强度上对企业生产率的影响。本研究中加工贸易关系强度是连续型变量，弥补了该不足。

---

① 本研究只考虑了一般贸易和加工贸易，边境贸易等贸易方式金额规模很小，本研究进行忽略。

加工贸易关系强度以加工贸易占贸易关系总数之比来衡量,图6.1是2000~2006年出口企业加工贸易关系强度的分布曲线。由图可知,出口企业的加工贸易关系强度呈现出明显的偏态分布,大部分样本集中在0和1两头端点上,说明出口企业中大部分是仅以一般贸易方式进行出口。然后,是仅以加工贸易出口企业。图6.2是2004年出口企业加工贸易关系强度的分布曲线。由图可知,出口企业加工贸易关系强度仍然主要集中在0和1两头的端点上。由此可知,无论是分年度样本还是2000~2006年样本,出口企业加工贸易关系强度都呈现出集中分布于两端的特点。

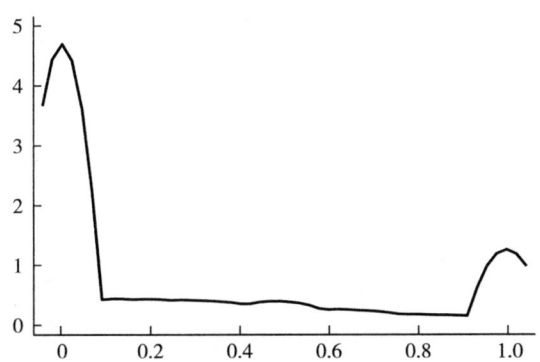

图6.1 2000~2006年出口企业加工贸易关系强度
(以加工贸易占贸易关系总数之比来衡量)

本研究再将企业分为加工贸易关系强度为0、1两组样本。当加工贸易关系强度为0时,该组企业是一般贸易型企业,当加工贸易关系强度为1时,该组企业是加工贸易型企业。图6.3反映了2000~2006年加工贸易企业和一般贸易企业劳动生产率和全要素生产率的趋势图。由图6.3可知,一般贸易企业的劳动生产率高于加工贸易企业的劳动生产率,两者在时间上具有相似的趋势。一般贸易企业的全要素生产率高于加工贸易企业的全要素生产率,并且具有相似的趋势。这说明可能存在宏观经济因素导致两种类型企业的生产率都得到了提升。

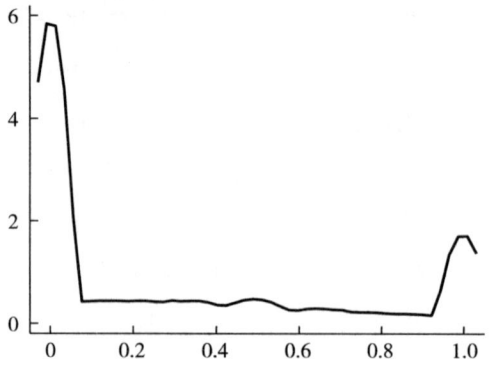

图 6.2 2004 年出口企业加工贸易关系强度
（以加工贸易占贸易关系总数之比来衡量）

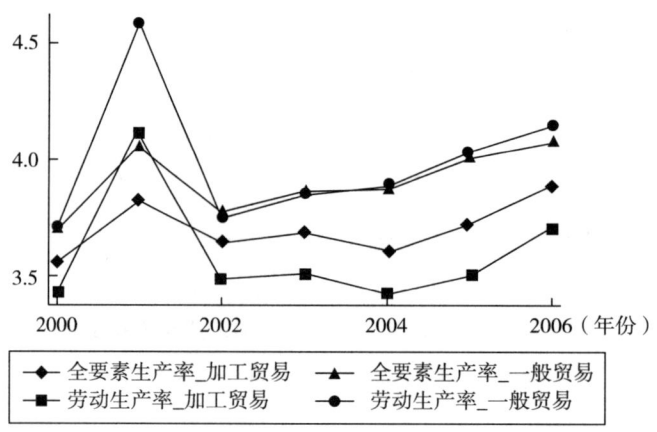

图 6.3 加工贸易和一般贸易企业劳动生产率和全要素生产率

企业生产率是重要的被解释变量，于是本研究采用了全要素生产率来衡量企业生产率，利用 O-P 法估计得到，并且将企业劳动生产率作为参考。本研究还删除了劳动生产率和全要素生产率两端极端值的样本。表 6.1 是文中主要变量的描述性统计。

第六章 我国贸易方式转型对企业生产率的影响机理研究

表6.1 变量描述性统计

变量	衡量方法	均值	标准差	最小值	最大值
加工贸易关系强度	加工贸易关系数占比	0.280	0.379	0	1
劳动生产率	工业增加值/员工数,取对数	3.917	1.052	0.151	10.206
全要素生产率	根据O-P法估算得到	3.915	0.848	1.477	6.315
企业规模	销售收入取对数	10.571	1.269	2.996	18.872
资本密集度	固定资产净值/员工数,取对数	3.666	1.361	0.007	11.759
平均工资	(工资总额+福利总额)/员工数	7.302	1.234	0	14.461
企业年龄	当年-成立年份+1	9.644	16.230	1	67
资产负债率	负债总额/资产总额	0.547	0.270	0	1

四、贸易关系对企业生产率的影响实证分析

(一) 基本回归结果

本研究利用GPS法估计影响加工贸易关系强度的因素。由表6.2可知,全要素生产率滞后一期、资本密集度、企业规模、企业年龄、资产负债率以及平均工资的系数都十分显著,这说明选取的匹配变量是有效的。全要素生产率滞后一期的系数为负,说明企业全要素生产率越高,则企业加工贸易关系强度越低,即企业通过加工贸易方式出口的倾向越低,这也和以往文献中的结论相似。企业规模和年龄的系数为负,这说明企业规模和年龄越大,企业成长越成熟,越可能以一般贸易方式参与国际市场的竞争。资本密集度和平均工资的系数为正,这与以往研究有所不同,这可能是由于本研究还考虑了混合贸易企业。混合贸易企业可能具有较高的资本密集度和平均工资水平,从而导致估计得到的系数为正。

得到表6.2的估计结果之后,进一步测算得到企业全要素生产率的条件期望值。其中,表6.2第(1)~第(3)列是这些匹配变量只选取一部分的匹配变量进行估计得到的结果。可知,其系数也大多是显著的。表6.3结果表明,加工

贸易关系强度的一次项以及加工贸易关系强度与倾向得分值的交互项在5%的显著性水平上异于零。加工贸易关系强度二次项以及倾向得分值一次项、二次项均在1%的显著性水平上异于零。这也说明本研究选取的函数形式较好地拟合了全要素生产率的条件期望值。

表6.2 估计结果

变量	(1)	(2)	(3)	(4)
全要素生产率滞后一期	-0.005*** (0.001)	-0.004*** (0.001)	-0.004*** (0.001)	-0.004*** (0.001)
资本密集度		0.003*** (0.001)	0.003*** (0.001)	0.002*** (0.001)
企业年龄		-0.003*** (0.001)	-0.001*** (0.001)	-0.001*** (0.001)
企业规模			-0.011*** (0.001)	-0.011*** (0.001)
资产负债率			-0.055*** (0.002)	-0.054*** (0.002)
平均工资				0.040*** (0.001)
年份虚拟变量	是	否	否	是
行业虚拟变量	是	否	否	是
观测值	102026	102026	102026	102026

注：***、**和*分别表示10%、5%和1%的显著性水平。

表6.3 处理效应估计结果

变量	系数	标准误差	T值
D	-0.187**	0.076	-2.47
D^2	-0.194***	0.041	-4.71
R	-0.316***	0.065	-4.88
R^2	0.113***	0.023	4.96
D×R	0.088**	0.040	2.19
常数	4.263***	0.050	86.00

注：***、**和*分别表示10%、5%和1%的显著性水平。

在前文测算的基础上,将处理变量按照取值从低到高的百分位数分为10个子区间。在每个子区间上估计加工贸易关系强度对企业全要素生产率的因果效应,并由此得到因果效应函数,如图6.4所示。由表6.4可知,当加工贸易关系强度为0.4和0.7时,处理效应的系数分别为0.057和0.024。而当加工贸易关系强度为其他值时,处理效应的系数为负,取值为-0.001~-0.158。这说明整体上而言,企业加工贸易关系强度增加将不利于企业全要素生产率的提高,即企业拥有的加工贸易关系数量占贸易关系总数量越多,则越不利于企业从对外贸易活动中学习贸易伙伴的经验和技术。

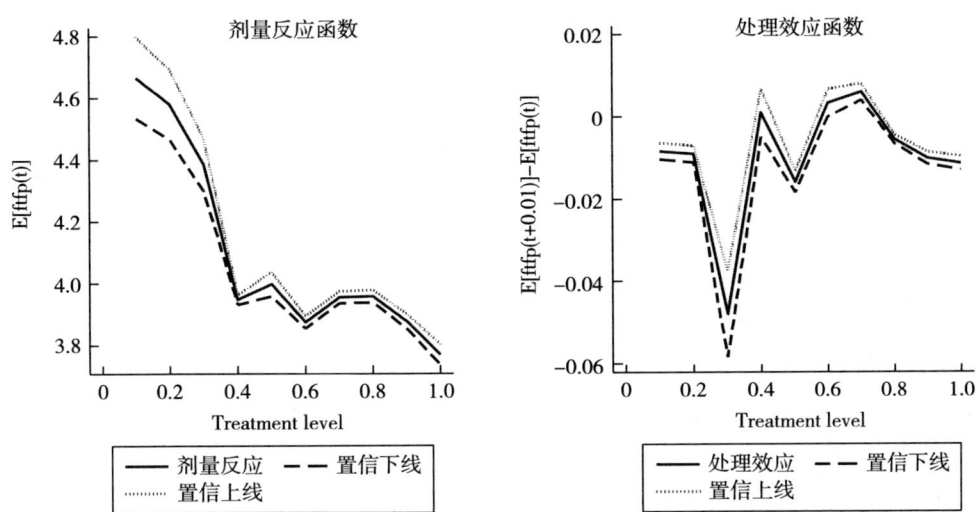

图 6.4 全要素生产率的剂量反应函数和处理效应函数

表 6.4 加工贸易关系强度对全要素生产率影响效果估计

百分比	剂量反应	处理效应	百分比	剂量反应	处理效应
10%	5.887*** (0.080)	-0.024*** (0.001)	60%	3.592*** (0.011)	-0.001*** (0.007)
20%	5.640*** (0.068)	-0.026*** (0.001)	70%	3.827*** (0.017)	0.024*** (0.002)
30%	5.009*** (0.069)	-.158*** (0.011)	80%	3.892*** (0.011)	-0.012*** (0.001)

续表

百分比	剂量反应	处理效应	百分比	剂量反应	处理效应
40%	3.843*** (0.015)	0.057*** (0.006)	90%	3.692*** (0.015)	-0.027*** (0.001)
50%	4.210*** (0.080)	-0.073*** (0.003)	100%	3.406*** (0.021)	-0.030*** (0.001)

注：***、**和*分别表示10%、5%和1%的显著性水平。

从图6.4可知，随着加工贸易关系强度的增加，未来一期全要素生产率的期望值随之不断下降，只是在0.4~0.5和0.6~0.8内出现小幅上升，呈现出非线性的"W"形趋势，整体上仍然呈现出下降的趋势。另外，整体上处理效应函数值是处于零值的下方，这说明加工贸易关系强度增加将会导致企业全要素生产率下降。

另外，为了分析加工贸易关系强度对劳动生产率的影响效果，本研究根据处理变量大小将样本区分为10个子样本区间，得到的估计结果如表6.5所示。由表6.5可知，当加工贸易关系强度为0.4、0.6和0.7时，处理效应的系数是显著为正，其绝对值较小。当加工贸易关系强度为其他值时，处理效应的系数显著为负。这说明加工贸易关系强度增加，企业劳动生产率也随之降低。另外，由图6.5可知，剂量反应函数和处理效应函数的趋势和图6.4中的趋势相似，这说明无论是全要素生产率还是劳动生产率来衡量企业生产率，整体上而言，加工贸易关系强度增加不利于提高未来一期的企业生产率。

表6.5 加工贸易关系强度对劳动生产率影响效果估计

百分比	剂量反应	处理效应	百分比	剂量反应	处理效应
10%	4.667*** (0.067)	-0.008*** (0.001)	60%	3.874*** (0.010)	0.003*** (0.001)
20%	4.580*** (0.058)	-0.009*** (0.001)	70%	3.954*** (0.010)	0.006*** (0.001)
30%	4.386*** (0.044)	-0.048*** (0.005)	80%	3.957*** (0.010)	-0.006*** (0.001)

续表

百分比	剂量反应	处理效应	百分比	剂量反应	处理效应
40%	3.947*** (0.008)	0.001*** (0.003)	90%	3.876*** (0.012)	−0.010*** (0.001)
50%	3.997*** (0.020)	−0.016*** (0.001)	100%	3.768*** (0.017)	−0.011*** (0.001)

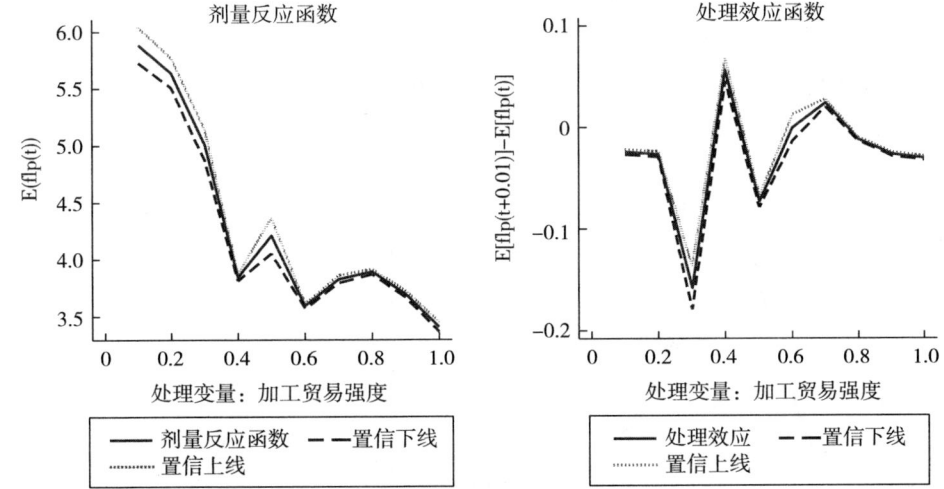

图6.5 劳动生产率的剂量反应函数和处理效应函数

（二）稳健性分析

由前文分析可知，随着加工贸易关系强度的增加，整体上而言，企业生产率水平不断降低。加工贸易关系强度越接近零，企业生产率越高。一般贸易型企业的生产率水平越高，其次是混合贸易企业，而加工贸易型企业的生产率水平最低。这说明企业一般贸易出口能够学习管理和技术，对生产率增加作用最大，其次是混合贸易方式，最后才是加工贸易方式。

为了使结论更具有稳健性，本研究将从一般贸易关系强度的角度对该问题进行分析，从侧面反映加工贸易方式对企业生产率的影响作用。本研究定义一般贸易关系强度为一般贸易关系数占贸易关系总数之比。仍然按照广义倾向得分匹配法的步骤，估算得到剂量反应函数和处理效应函数的期望值，结果如图6.6所示。由图6.6可知，剂量反应函数呈现出"N"形趋势，说明随着一般贸易关系强度的增加，企业全要素生产率呈现出先"上升"然后"下降"再"上升"的趋势。当一般贸易关系强度为0.4~0.8时，企业生产率呈现出下降的趋势。这说明一般贸易关系强度越接近零，绝大部分贸易关系均是加工型贸易，企业全要素生产率越低。随着一般贸易关系强度增加，企业以混合贸易方式来出口产品时，全要素生产率有所提高。混合贸易企业随着一般贸易关系强度的增加，全要素生产率具有"先升后降"的非线性趋势。随着一般贸易关系强度进一步增加，当绝大部分贸易关系是一般贸易时，全要素生产率持续提高。由图6.6可知，处理效应函数曲线均位于零值上方，这说明一般贸易关系强度的处理效果显著为正。

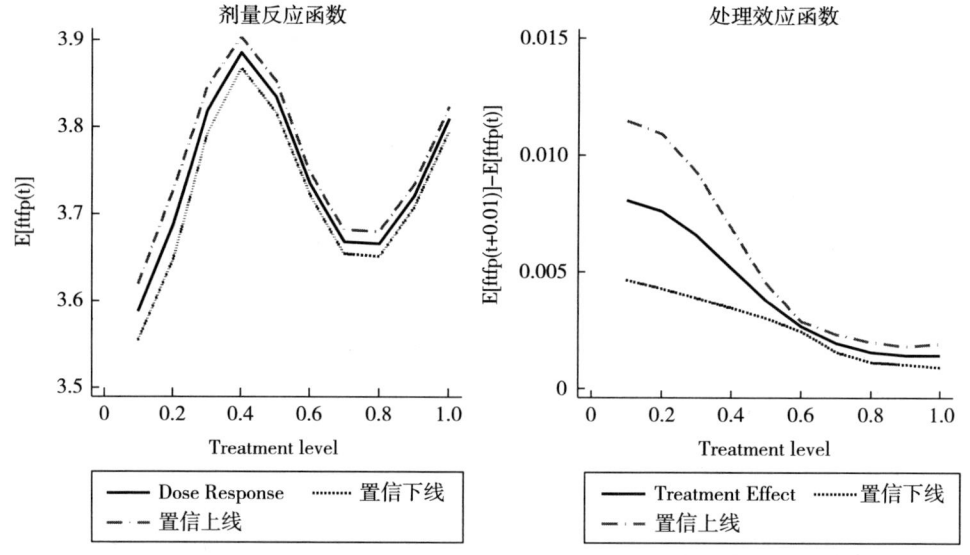

图6.6 一般贸易对企业生产率的剂量反应函数和处理效应函数

五、本章小结

本研究参考内生技术进步理论模型构建了内生化贸易关系的理论模型，分析不同贸易方式导致不同的出口学习效应,从而对企业生产率产生不同影响。贸易关系承载着两国贸易商交流往来是企业出口学习的载体。不同类型贸易关系下企业获得出口学习效应、生产率提升效果存在差异性。模型表明,企业贸易关系中加工贸易关系占比越大,则越不利于提升企业层面生产率。企业贸易关系中一般贸易关系占比越大,则越有利于提高企业层面生产率。

本研究利用广义倾向得分匹配法来避免"自选择效应"带来的困扰。从加工贸易关系强度角度进行分析,发现加工贸易关系强度越高,企业劳动生产率和全要素生产率越低。在控制其他因素的情形下,加工贸易关系强度越低,绝大部分贸易关系是一般贸易型,企业从出口中获得学习效应、提高自身生产率的效果越明显。加工贸易关系强度越高,绝大部分贸易关系都是加工贸易型,企业从贸易关系中获得学习效应、提升生产率的效果越弱小。

此外,混合贸易企业的加工贸易方式对企业层面生产率呈现出非线性的趋势。总体而言,加工贸易关系强度越高,则对企业生产率增长的阻碍越大。而加工贸易关系强度越低,越有利于企业生产率增长。随着加工贸易关系强度增加,混合贸易企业生产率有明显的非线性趋势。当加工贸易关系强度为 0.4 和 0.7 时,贸易方式对企业生产率具有微弱的正向处理效应,这说明混合贸易企业中加工贸易的作用是复杂的。

由此相关政策启示,一般贸易企业的生产率最高,纯加工贸易企业的生产率最低,而混合贸易企业生产率居中。政府应该充分意识到纯加工贸易方式对我国外贸企业作用的局限性。政府应保持出口导向政策大政方针不变的同时,逐步修订原先相关政策减少对加工贸易企业的优惠补贴;不宜过度鼓励企业仅仅以加工贸易方式参与到国际市场,以致企业被动地陷入全球价值链的低端。

混合贸易企业是普遍存在的,同时经营一般贸易和加工贸易对生产率增长的影响仅仅大于进行加工贸易。因此,对于目前已是纯加工贸易企业来说,骤然转为一般贸易企业显然困难重重。企业可以尝试将部分产品冠以自主品牌以及一般贸易方式出口,兼而经营两类贸易方式,逐步转化升级,沿着国际生产价值链上升,实现对外贸易方式优化升级。

第七章 贸易政策不确定性对企业生产率的影响

一、引言

近年来，宏观贸易政策不确定性增加使得微观企业在国际贸易中面临更大风险，因此，如何提升复杂多变的经济环境背景下中国企业外贸抗风险冲击能力和中国经济增长的韧性也就成为重要的研究课题，也具有较强的现实意义。

同时，随着中国逐渐探索实践高质量发展模式，对外贸易也在逐渐转型升级，早期以出口为导向的发展战略重新被审视，进口贸易对经济发展的作用开始逐渐被重视。进口中间品贸易对产品结构调整和贸易方式结构升级优化具有重要影响作用，因此，近年来，进口中间品贸易也一直是学术界重点关注的领域。

一直以来，中间产品被视为技术知识的具体物质载体，产业内中间品贸易成为跨国间技术转移和技术溢出的主要渠道。一些学者开始关注到，发展中国家的企业在进口中间品贸易中存在"进口学习效应"。然而，企业使用进口中间品的前提是需要支付一定数额的进口固定成本，如搜寻市场信息和寻找商业合作伙伴。这项成本的投入并不必然带来贸易关系的成功建立，尤其在宏观贸易政策环境不确定性增强、贸易保护主义逐渐抬头的当下，进口企业开拓中间品贸易关系时面临的难度系数有所增加。同时，即使已建立巩固的进口贸易合作关系，也可能因大国之间贸易政策复杂多变而遭受外来冲击从而迅速结束贸易合作关系。总之，企业贸易关系的建立和解除遭受不确定性因素冲击的影响变得越来越明显，而已有研究则较少关注到这一点。

本研究构建了一般均衡的理论模型,关注到企业拓展进口贸易关系数量和中间品投入使用的关联,刻画了企业层面进口贸易关系建立以及解除的动态化过程,企业拓展进口贸易关系从而可以使用更加多样化的中间投入品,这将有利于企业提高利润以及生产率,其中进口产品的技术溢出也会有助于提高行业生产率。本研究从微观机理层面阐述了进口中间品贸易关系多样性对微观企业的积极影响,也从宏观层面阐述了不同发展阶段的经济体从进口贸易开放中获得的技术溢出等经济外部性。

二、贸易政策不确定性影响企业生产率的作用机理

随着贸易环境的变化,国内外学者开始大量关注贸易政策不确定性的研究领域。大部分研究表明,贸易政策不确定性将会给企业进入出口市场带来负向的冲击(Handley and Limão, 2015; Crowley et al., 2016),而且,对出口企业的影响具有明显的分化趋势,产品质量和产品价格上具有不同程度的竞争优势的企业将分别选择退出或留在出口市场(Feng et al., 2016)。并且,许多研究贸易政策不确定性的文献都关注到对出口贸易的影响,对进口贸易方面的研究较少。事实上,进口贸易不仅是作为出口贸易的镜像而存在,进口中间品贸易中的种类效应、价格效应和质量效应等诸多效应机制对发展中国家企业生产率增长也颇为重要。Imbruno(2019)利用中国加入WTO后关税约束放松后的企业层面的数据,研究贸易政策不确定性下降给中国进口中间品贸易带来的影响。研究结论表明,贸易政策不确定性的下降将导致企业可以使用更多种类的中间品,从而增加企业和消费者的福利。郭晶和周玲丽(2017)利用海关数据测算企业层面的贸易政策不确定性,实证研究发现,随着贸易政策不确定性的上升,进口中间品关税对企业生存的负效应增强。

然而,以上文献更侧重于分析进口中间品对全要素生产率的作用机制,未涉及进口贸易关系的动态化和基于多样化的贸易关系渠道实现的进口中间品多样

化。并且,研究贸易政策不确定性也较少关注到进口中间品贸易冲击对企业利润的影响,以及企业内生化构建中间品贸易关系对行业层面生产率的影响。

因此,本研究可能的创新之处在于:其一,参考内生化技术种类的思路,构建了企业进口贸易关系内生化的理论模型,阐述基于贸易关系动态扩展得到的进口中间品种类多样化对生产率增长的影响,从理论机制方面说明中间品多样性对企业利润等经营绩效的作用。其二,刻画了外部风险冲击下的贸易关系建立与解除的动态过程,风险冲击强度与企业利润和绩效之间的关系表明,贸易政策不确定性将会不利于企业使用进口中间品,从而影响到企业利润。

三、理论框架

参考 Koren（2013）的研究,本研究假定经济体中各企业的产品是垄断竞争的,最终产品由各企业产品组合构成。最终生产函数如下:

$$Y(t) = \left[\int_0^1 y(j,t)^{\frac{\varepsilon-1}{\varepsilon}} dj\right]^{\frac{\varepsilon}{\varepsilon-1}} \tag{7-1}$$

经济体中每个企业生产一种类别产品,其中,$y(j,t)$ 代表企业 j 在 t 时刻的产出,$\varepsilon \in (1, \infty)$,$\varepsilon$ 代表不同类别的产品之间的替代弹性。企业 j 的生产函数形式如下:

$$y(j,t) = A(t)\left[\sum_{i \in I(j,t)}\left[\chi_i(t) l(j,t)\right]^{\frac{\rho-1}{\rho}}\right]^{\frac{\rho}{\rho-1}} \tag{7-2}$$

其中,$l(j,t)$ 代表 t 时刻企业 j 所有中间投入品种类的集合。$\chi_i(t)$ 表示第 i 种中间品的质量水平,也反映了中间投入品的质量参数。第 i 种中间品要么来自国内,要么来自国外。

假如第 i 种中间投入品来自国内,那么,中间品质量水平取值 $\chi_i(t) = 1$；如果第 i 种中间投入品来自国外,那么 $\chi_i(t) = \alpha$,$\alpha > 1$,α 代表进口中间品质量特质更高。$A(t)$ 表示行业生产率,$l(j,t)$ 表示第 i 种中间投入品生产时所搭配的劳动力数量。

通常认为,企业的技术进步既体现为中间品种类的增加,也体现为中间品种类质量的提高。本研究认为企业有意识地建立贸易关系，就可以获得更多种类的中间投入品，中间品种数越多，则企业的生产率水平越高；中间品种类质量越高，则企业的生产率水平也越高。

通过支付成本企业 j 可以建立贸易关系，然而贸易关系并不是固定不变的。企业通过贸易关系进口外国的中间品，持续地使用进口中间品直到受到某种外部冲击而贸易关系结束。通常进口贸易冲击更多地表现为关税上升或者非关税壁垒的存在。

贸易关系结束的概率明显受到外部冲击到达强度的影响。本研究假定一旦受到冲击后，企业就会结束与贸易伙伴的进口贸易关系，那么，第 i 种中间品投入品只能使用国内中间品。贸易关系遭到外部冲击的次数是到达率为 γ 的泊松过程，进口中间投入品质量参数也反映了使用中间品技术的生产效率水平，则进口中间品的生产效率 $\chi_{Fi}(t)$ 有如下分布：

$$\chi_{Fi}(t) = \begin{cases} \alpha & p = e^{-\gamma t} \\ 0 & p = 1 - e^{-\gamma t} \end{cases} \tag{7-3}$$

式 (7-3) 表明，没有遭受外部冲击的概率为 $p = e^{-\gamma t}$，该种贸易关系仍存续，企业可以使用进口中间品。遭受外部冲击的概率为 $1 - e^{-\gamma t}$，贸易关系结束，企业不再可以使用第 i 种进口中间品，第 i 种中间品只能使用国内的中间品。假定企业的劳动力可以在不同中间投入品种类之间迅速调整。

值得说明的是，以往文献常常采用生存分析来研究企业的进出口贸易持续时间（陈勇兵，2012；逯宇铎等，2015），认为贸易关系存在负时间依赖性，企业出口时间越长，则遭受失败的风险越低，倾向持续更长时间。这类文献关注的是持续进出口企业的贸易关系存续或者企业存续的时间，使用生存函数来刻画更适宜。而本研究关注的是企业贸易关系数量的动态变化以及扩展边际的增长对企业生产率的动态作用。泊松过程的无时间依赖性可以简化分析，使本研究模型更简洁地集中分析贸易关系扩展边际的动态变化。

假设代表性企业 j 共拥有 $n(j, t)$（以下简称 n）种中间投入品，有 $k(j, t)$（以下简称 k）种中间产品种类是进口的，进口中间品质量更高，生产效率参数值为 α，$(n-k)$ 种中间品为国内中间品，其生产效率取值为 1。假定国内中间品和国外中间品都具有对称性，那么分配给每种中间品的劳动力数量相同。于是，企业生产函数变为：

$$y(j,t) = A(t)\left[(n-k)l_H^{\frac{\rho-1}{\rho}} + k(\alpha l_F)^{\frac{\rho-1}{\rho}}\right]^{\frac{\rho}{\rho-1}} \quad (7-4)$$

其中，给来自国内的中间投入品对应的劳动力数量为 l_H，给来自进口更高质量的中间投入品分配的劳动力数量为 l_F。那么，企业 j 的劳动力数量 $l = (n-k)l_H + kl_F$，企业为了达到成本最小化，确定最优产量时分配在两种不同生产效率中间品的劳动力有如下关系：

$$\frac{l_H}{l_F} = \alpha^{1-\rho} \quad (7-5)$$

则企业生产函数可以简化为：

$$y(j,t) = A(t)l_F\alpha\left[(n-k)\alpha^{1-\rho} + k\right]^{\frac{\rho}{\rho-1}} \quad (7-6)$$

由于经济体中所有企业都是垄断竞争的，那么每个企业面临的需求函数如下：

$$y(j,t) = Y(t)p(j,t)^{-\varepsilon} \quad (7-7)$$

其中，$p(j,t)$ 为企业 j 的产品价格指数水平，对劳动力数量进行变换得：

$$l = l_F[(n-k)\alpha^{1-\rho} + k] = y[(n-k)\alpha^{1-\rho} + k]^{\frac{1}{1-\rho}}/A(t)\alpha \quad (7-8)$$

则企业 j 的利润函数为：

$$\pi(j,t) = Y(t)p(j,t)^{1-\varepsilon} - w(t)Y(t)p(j,t)^{-\varepsilon}[(n-k)\alpha^{1-\rho} + k]^{1/(1-\rho)}/A(t)\alpha \quad (7-9)$$

由式（7-9）可知，代表性企业 j 的利润受中间投入品数量 n、进口中间投入品种类 k、行业层面生产率 $A(t)$ 等因素影响。由于 $\rho>1$，$\alpha>1$，企业拥有进口中间品种类 k、中间投入品数量 n 越多，那么企业的利润越大。

区别于以往研究，本研究考虑了贸易关系的建立和结束都具有不确定性。以往贸易理论研究认为，企业只要有足够高的生产率、足够多的利润来支付进出口固定成本，就能确定地进入国际市场销售产品或者购买最终品和中间品。

本研究认为，支付进口固定成本来建立贸易关系存在不确定性风险。首先，进口固定成本包括外国市场开拓和信息收集、搜寻匹配贸易伙伴等成本。企业投入进口固定成本并不必然会与目的地市场建立进口贸易关系。搜寻合适的贸易伙伴需要时机和运气，贸易谈判也有不确定性。匹配成功是概率事件，并不是投入成本后就一定能顺利建立贸易关系。其次，贸易双方进口贸易合同达成后，企业即使已经开始执行进口海关流程，但是贸易摩擦、贸易纠纷和自然灾害等不确定性因素增大的背景下，仍然可能导致企业投入成本后无法顺利完成该项出口贸易。因此，本研究认为投入成本成功建立新进口贸易关系是概率事件。

假定投入 $C(j)$ 单位的出口固定成本，顺利建立贸易关系是服从到达率为 $F(C/n^*\alpha L)$ 的泊松过程。其中，$F(C/n^*L)$ 函数是规模报酬不变的而且满足稻田条件，L 代表进口国劳动力总量，进口国经济体量越大，则进口企业之间竞争程度越强烈。α 表示进口中间品质量参数，进口中间投入品的质量越高，则建立进口贸易关系的难度越大，这也反映部分发达国家对发展中国家高水平技术专利的封锁。企业对进口贸易关系的建立投入固定成本 $C(j)$ 越多，单位时间内的成功达到率越大。其中，$n^* = (n-k)\alpha^{1-\rho} + k$ 代表了企业加权的贸易关系数量。

另外，考虑到潜在进口的企业需要投入 κL 单位的固定成本来建立第 1 种进口贸易关系，成功建立贸易关系的达到概率为 η，因为建立第 1 种进口贸易关系需要支付更多的成本。假定 $\lambda(k) = F[C(k)/n^*L\alpha]$ 表示企业随后成功建立进口贸易关系的到达率。由于 $F(C/n^*\alpha L)$ 函数是一次齐次，则可以得到投入成本的函数如下：

$$C(k) = g(\lambda(k))L\alpha n^* \tag{7-10}$$

其中，$g(\lambda)$ 是 $F(C/n^*\alpha L)$ 的反函数，k 代表企业进口贸易关系的状态变量。潜在进口企业 $k = 0$，建立其第 1 种贸易关系的投入成本为 $I(0) = \kappa L$。

假定 $V(k)$ 为拥有 k 种进口贸易关系的企业价值。企业价值取决于企业获得净利润流的现值，净利润等于企业利润减去建立贸易关系投入的成本 C。同时，由于新增的进口贸易关系和中间品种类会影响企业利润和资本报酬，被外部冲击结束的贸易关系会导致无法使用某种进口中间品从而使企业利润和资产遭受损失。于是，刻画企业利润最大化问题的贝尔曼方程如下：

$$\phi V(k) = \max\{\pi(p, k) - C + \lambda(k)n^*[V(k+1) - V(k)] + \gamma n^*[V(k-1) - V(k)]\} \tag{7-11}$$

其中，企业价值的时间机会成本是获得净利润流的回报 $(\pi - C)$ 和净资本报酬。其中，净资本报酬为新增贸易关系和减少贸易关系导致的净价值变化。新增一种进口贸易关系或中间投入品导致的价值变化为 $[V(k+1)-V(k)]$，新的进口贸易关系建立成功的概率为 $\lambda(k)k$，$\lambda(k)n^*[V(k+1)-V(k)]$ 反映的是加权价值变化。相应地，企业的每种贸易关系都可能遭遇到达率为 γ 的冲击毁灭，$[V(k-1)-V(k)]$ 反映遭受冲击而减少的单位贸易关系的价值。

对式（7-11）分别求价格水平 p 和投入固定成本 C 的一阶导数得：

$$p = \frac{\varepsilon}{\varepsilon-1}w[(n-k)\alpha^{1-\rho}+k]^{\frac{1}{1-\rho}}/A\alpha \tag{7-12}$$

$$g'(\lambda)\alpha L = V(k+1) - V(k) \tag{7-13}$$

根据企业最优时的价格水平，把式（7-12）代入式（7-9）后可知，均衡时的利润为：

$$\pi(k) = \frac{(\varepsilon-1)^{\varepsilon-1}}{\varepsilon^\varepsilon}\left(\frac{w}{A\alpha}\right)^{1-\varepsilon}Y[(n-k)\alpha^{1-\rho}+k]^{\frac{1-\varepsilon}{1-\rho}} \tag{7-14}$$

考察到劳动力市场出清时的状况，那么劳动力总量为：

$$L = \int_0^1 l_j dj = \frac{Y}{A\alpha}\left(\frac{\varepsilon}{\varepsilon-1}\right)^{-\varepsilon}\left(\frac{A\alpha}{w}\right)^{\varepsilon}\int[(n-k)\alpha^{1-\rho}+k]^{\frac{1-\varepsilon}{1-\rho}}dj \tag{7-15}$$

令 $N = \int[(n-k)\alpha^{1-\rho}+k]^{\frac{1-\varepsilon}{1-\rho}}dj$，$N$ 为整个经济中加权中间品种类数量，也反映了整个国家技术水平。其中，$(n-k)\alpha^{1-\rho}+k$ 代表了每个企业加权的贸易关系数量，也是加权中间产品种类数。N 为经济体中加权的中间品种类的规模，它既包含中间品种类的数量 n，以及进口的质量水平更高的中间品数量 k。经济体加权的中间品种类规模 N 越大，说明经济体中使用更加多样化的中间品种类，因此也说明具有更高的技术水平。继续变形得：

$$L = \frac{Y}{A\alpha}\left(\frac{\varepsilon}{\varepsilon-1}\right)^{-\varepsilon}\left(\frac{A\alpha}{w}\right)^{\varepsilon}N \tag{7-16}$$

最终产品可以变形为：

$$Y(t) = \left(\frac{\varepsilon}{\varepsilon-1}\right)^{-\varepsilon}Y\left(\frac{A\alpha}{w}\right)^{\varepsilon}N^{\frac{\varepsilon}{\varepsilon-1}} \tag{7-17}$$

将式（7-17）进行变形得到关于工资水平的表达式为：

$$w = \frac{\varepsilon-1}{\varepsilon}A\alpha N^{\frac{1}{\varepsilon-1}} \tag{7-18}$$

式（7-18）代表劳动力市场出清劳动力的供给等于劳动力的需求时，经济中的工资水平取决于经济体的加权产品种类数 N。可得最终产品的生产函数：

$$Y(t) = A\alpha N^{\frac{1}{\varepsilon-1}} L \tag{7-19}$$

进而得到均衡时的代表性企业的利润：

$$\pi(k) = \frac{1}{\varepsilon} A\alpha L N^{\frac{2-\varepsilon}{\varepsilon-1}} [(n-k)\alpha^{1-\rho} + k]^{\frac{1-\varepsilon}{1-\rho}} \tag{7-20}$$

式（7-20）表明，企业的利润受拥有中间品种类或贸易关系数量 n、进口中间品种类数 k，以及行业层面的生产效率 A 的影响。当其他因素不变时，企业的中间品种类 n 越大，则企业的利润越大；进口中间品种类数 k 越大，则企业的利润越大；当其他变量保持不变，$1<\varepsilon<2$ 时，行业层面的生产效率 α 越高，则企业的利润越大。当 $\varepsilon>2$ 时，无法判别行业层面生产效率与利润之间的关系。

所有企业都可以投入成本开发进口贸易关系和利用进口中间品来进行生产产品、销售获利。考虑到均衡时企业没有超额利润，企业建立第 1 种进口贸易关系时，企业利用进口中间品获得的企业价值增加等于建立进口贸易关系的成本。

$$v(1) = \frac{\kappa}{\eta} L = v \tag{7-21}$$

式（7-21）说明建立单位进口贸易关系的成本等于企业从单位进口贸易关系中获得收益的价值。$v(1)$ 代表 1 单位进口贸易关系的企业价值。均衡时单位进口贸易关系的价值与企业拥有的进口贸易关系状态变量 k 没有关系。于是，企业的价值等于进口中间品的价值和国内中间品的价值之和，具体如下：

$$V(k) = kv + (n-k)\alpha^{1-\rho} v \tag{7-22}$$

假定 $\bar{\pi}$ 代表拥有一种中间品的企业人均利润，值得注意的是，加权平均利润并不是除以中间品品种类数，而是中间品种类加权数量，则有如下关系式：

$$\bar{\pi} = \pi(k)/n^* L \tag{7-23}$$

$$\bar{\pi} = (\phi - \lambda + \gamma)\frac{\kappa}{\eta} + g(\lambda)\alpha \tag{7-24}$$

由式（7-24）可知，均衡时单位进口贸易关系的人均利润为常数，那么将式（7-20）变形为：

$$A = \varepsilon \bar{\pi} \frac{1}{\alpha} N^{\frac{\varepsilon-2}{\varepsilon-1}} [(n-k)\alpha^{1-\rho} + k]^{\frac{\rho-\varepsilon}{\rho-1}} \tag{7-25}$$

式（7-25）表明，行业层面生产率与经济体整体开放规模或者经济体的技

术水平 N，进口中间品种类数（贸易关系数量）k，拥有中间品种类数量 n 有关。

四、具体情形下的讨论

（一）进口中间品贸易受限制的情形

当企业中间品进口贸易受到不确定性贸易政策的影响，企业难以拓展其进口贸易中间品种类数量。企业进口中间品种类数量 k 为某一固定值时，根据式（7-20）可知，$\frac{\partial \pi(n)}{\partial n} > 0$ 表明企业拥有的中间品种类数量 n 越大，则企业的利润也越大。这说明，企业面临进口贸易受限制的情形时，可以积极采用国内中间投入品进行替代，从而避免贸易冲击对企业利润带来的不利影响。

（二）进口中间品贸易没有受限制的情形

当企业中间品进口贸易没有受到贸易政策限制的影响，企业可以投入进口固定成本去拓展企业的进口贸易关系从而获得质量更优或者价格更便宜的中间品。假定此时企业所需要的中间投入品的种类数 n 是固定的，那么，根据式（7-20）可知，$\frac{\partial \pi(k)}{\partial k} > 0$ 表明企业拥有进口中间品种类数量 k 越多，则企业的利润越大。多样化的中间品种类和贸易关系有利于促进企业获得更多的利润。

（三）宏观贸易政策不确定性增加的情形

当贸易保护主义盛行，宏观贸易不确定性增加，理论模型中表现为进口贸易关系受到外部冲击的参数 γ 变得越大。那么，根据式（7-24）可知，均衡时企业拥有每单位中间品的人均利润 $\bar{\pi}$ 会随着 γ 变大而变大。这说明，尽管贸易政策不确定性冲击会影响到企业的进口中间品使用和企业利润，然而，从进口贸易关系"幸存者"角度来看，进口中间品的"物以稀为贵"的效果也比较明显，这导致企业的每单位中间品的人均利润反而比较大。

(四) 贸易开放对经济增长的溢出效应的情形

通常认为,贸易开放对宏观经济增长具有促进作用。除自身投入外,进口对生产率的提升作用还来自经济的外部性,企业能够在与其他企业贸易的过程中学习到对方的技术和管理,改善企业层面的生产效率,即"进口学习效应"。在本研究中贸易开放对经济增长的溢出作用依赖于经济发展阶段的不同。

根据式 (7-25) 可知,N 为经济体中加权中间品种类的数量,由于企业的进口中间品种类数 k 也反映了企业与外国贸易伙伴建立的贸易关系数,因此也可以将其视为经济发展程度和贸易开放程度,也反映该国的对外贸易开放程度。当 $\varepsilon > 2$ 时,企业产品类别间替代弹性越大,通常而言,发展中国家的产品类别替代弹性越大。随着贸易开放度 N 的增加,行业生产率 A 的增加幅度更大,因而,获得的经济外部性也更大。当 $2 > \varepsilon > 1$ 时,产品类别间的替代弹性也较小,通常而言,发达国家的主要产品类别替代弹性也较小。随着贸易开放度 N 的增加,行业生产率 A 的增加幅度更小,因此,获得的经济外部性也更小。由此可知,企业可以从进口贸易中获得更多技术溢出和管理经验,产品类别替代弹性不同决定了经济体从贸易开放中获得的经济外部性的大小。发达国家的主要产品技术复杂度较高,产品类别替代弹性较小,则进口贸易中获得经济外部性也较小;发展中国家的产品类别替代弹性较大,则进口活动中获得经济外部性也较大。

(五) 不同贸易方式类型对经济增长的溢出效应的情形

本研究的理论框架也适用于分析不同的贸易方式对行业生产率的溢出效应的影响。假定 k 代表着企业一般贸易方式进口的中间品种类数,n 代表企业所有的进口中间品的数量时,$(n-k)$ 代表了企业采用加工贸易方式进口的中间品种类数。当企业所有贸易关系均为加工贸易型贸易关系时,$k=0$,当其他条件不变时,$A(t) = B[n\alpha^{1-\rho}]^{\frac{\rho-\varepsilon}{\rho-1}}$,其中,$B = \varepsilon \bar{\pi} \frac{1}{\alpha} N^{\frac{\varepsilon-2}{\varepsilon-1}}$。当企业所有贸易关系为一般贸易型贸易关系时,$k=n$,$A(j,t) = Bn^{\frac{\rho-\varepsilon}{\rho-1}}$。由于 $n^{\frac{\rho-\varepsilon}{\rho-1}} > [n\alpha^{1-\rho}]^{\frac{\rho-\varepsilon}{\rho-1}}$,可知,当其他条件不变时,"出口学习效应"对企业层面生产效率的提高程度取决于企业出口贸易的类型。相比于加工贸易企业，一般贸易企业将获得更大的"进口学习效应"，行业层面的生产效率提升更多。

五、本章小结

随着全球经济复苏速度放缓，贸易保护主义逐渐抬头，外贸政策环境的不确定性逐渐成为影响中国对外贸易的重要因素，并且企业的外贸合作关系建立和结束也因外部环境冲击变得更加面临不确定。在外贸不确定性风险增强的背景下，通常作为一种技术溢出渠道的进口中间品贸易也会受到冲击，本研究基于一般均衡理论框架构建了企业内生化地建立贸易关系的理论模型，考虑了贸易关系建立和结束的不确定性，阐述了通过建立多样化的进口贸易关系获得行业生产率提升的机制，并且区分了不同具体情境下进口中间品贸易关系的拓展对企业利润和行业层面的生产率的影响。

通过构建理论模型进而得到如下推论：

其一，当中间品贸易受到阻碍制约时，企业进口中间品投入相对固定，企业拥有的中间品种类总数量越多，则企业的利润也越大；当进口中间品贸易没有受限制时，企业拥有的中间品种类数量越多，则企业的利润也越大。当贸易政策不确定性增加时，外部风险冲击出现的次数更频繁，尽管进口中间品贸易受到冲击导致影响到企业使用中间品，而"幸存者"优势反而使企业每单位中间品的人均利润反而比较大。

其二，企业建立多样化的进口贸易关系，从而使用多样化的进口中间品有利于行业生产率的提升。企业的进口贸易伙伴国越多，企业有更多机会接触更加先进的技术，学习贸易伙伴的技术和管理经验，行业层面的生产效率越大。并且这种"进口学习效应"也会明显随经济体发展阶段有所差异。经济体处于不同的发展阶段具有不同的产品类别间的替代弹性。产品类别替代弹性不同决定了经济体从贸易开放中获得的技术溢出等经济外部性的大小。产品类别间替代弹性越大，通常发展中国家的产品替代弹性越大，随着贸易开放度的增加，获得的经济外部性越大。产品类别间的替代弹性越小,通常发达国家的产品替代弹性更小,随着贸易开放度的增加,获得技术溢出等经济外部性也越小。不同的贸易方式也将导致不同程度的"进口学习效应",相比于加工贸易方式,一般贸易方式将获得更大的"进口学习效应",行业层面的生产效率提升更多。

第八章 结论与对策建议

一、主要结论

近年来,中国经济一直面临着转型升级的问题,而外贸的转型升级构成了经济结构转型升级的主要方面。2001年中国加入世界贸易组织以来,进口贸易自由化也成为中国经济主要的典型化事实。本研究主要研究贸易自由化对促进我国外贸方式转型的影响,具体来说,则是关注我国贸易自由化进程中进口产品关税削减对企业层面和产业层面贸易方式转型的影响。

本研究第一部分使用实证分析方法首先检验了进口投入品关税削减对出口企业贸易方式选择的影响,得到如下的结论:

其一,进口投入品关税削减将会导致出口企业选择纯一般贸易方式出口概率增加,而选择纯加工贸易方式出口和混合贸易方式出口的概率减少。而且,那些真正经历了进口产品关税削减的出口企业该效应则更为明显。虽然宏观经济环境下许多产品关税削减,然而并不是所有进口的企业都经历了企业层面关税水平下降。为了验证结论的稳健性,本研究选取了进口产品关税削减的概念定义范围更为严格的那部分企业作为分析对象,仍然得到一致的结论。

进口投入品关税削减会导致新出口企业更倾向于选择纯一般贸易方式出口,而不愿意选择纯加工贸易方式或者混合贸易方式出口。

并且,本研究为了避免忽略影响效应的时间滞后性,还考虑了进口投入品关税削减对滞后一期的出口贸易方式选择的影响,结果也表明,进口投入品关税削減对滞后一期的出口贸易方式选择也具有类似的效果。这表明，投入品关税削减不仅会对企业选择贸易方式产生影响，还可能会持续影响出口企业对贸易方式的选择。

其二，出口企业全要素生产率水平越高，则其选择纯一般贸易方式出口的可能性越大，选择纯加工贸易方式和混合贸易方式出口的概率则越小。采用劳动生产率来作为衡量企业生产率的指标时，也有类似的结论。企业进口产品关税削减对出口企业贸易方式选择的作用主要是通过提高企业全要素生产率来发挥的。对分地区和区分所有制的企业样本进行估计，大多得到类似的结论。并且，当采用定义更严格的进口产品关税削减的企业样本时，也得到了类似的结论，这也充分说明了估计结果的稳健性。

其三，当选取只进口中间品的那部分企业样本，具体研究进口中间品关税削减的作用效果时，研究结论也表明，进口中间品关税削减也会导致出口企业选择纯一般贸易方式和混合贸易方式出口的概率增加，而选择纯加工贸易方式出口的概率减少。

本研究第二部分构建了包含不同出口贸易方式类型的异质性企业贸易模型，分析关税削减对出口企业选择不同贸易方式时的出口生产率临界值的影响，从而影响到出口企业贸易方式的动态转变。在实证分析部分也对进口投入品关税削减对出口企业贸易方式转变的影响进行了分析，得到了如下结论：

进口投入品关税削减会导致企业从以纯加工贸易方式出口转变为以混合贸易方式出口的概率增加，也会导致企业从以混合贸易方式出口转变为以纯一般贸易方式出口的概率增加。并且，采用其后续两年均保持更高级的出口贸易方式来定义出口企业贸易方式转变时，得到的结论也与之类似。当采取固定权重来测算进口投入品关税水平时，得到的结论也与之类似。另外，对于只进口中间品的企业，投入品关税削减也会导致其出口贸易方式进行转变。

进口投入品关税削减不仅带来了出口企业贸易方式的转变，而且还会使得混合贸易企业中以纯一般贸易方式出口的份额增加。该结论不仅在企业层面成立，而且在企业—产品层面成立。这说明，贸易自由化导致混合贸易出口企业中一般贸易份额增加。

本研究第三部分则在行业层面和产品层面分析关税削减对贸易方式转型的影

响机制，将关税削减区分为产出关税削减和投入品关税削减，由此分析产出关税削减和投入品关税削减所带来的不同效应对贸易方式转型的影响。研究结果表明，在 2 位数行业层面分析时，投入品关税削减会导致行业内以一般贸易方式出口企业占比变得更大。并且，同时考虑产出关税削减的作用时，投入品关税削减的作用效果更为明显。

在代码为 4 位数行业层面分析时，产出关税削减对贸易方式转型的作用效果更为明显。这可能是由于更加具体细微的行业层面意味着更细小的竞争市场，因而，由产出关税削减带来的竞争效应更为明显。

另外，当使用产品层面样本进行分析时，则产出关税削减的估计系数仍然显著为负，这说明产出关税的削减会导致产品层面的一般贸易份额变得更大。并且，同时考虑进口产品质量水平时，进口产品质量水平越高，则产品层面的一般贸易份额也越大，这说明更高的进口产品质量也可能由于产品技术质量效应促进贸易方式转型。

本研究第四部分则是从不同贸易关系的角度切入，分析不同贸易类型对企业生产率的影响，发现加工贸易关系强度越高，企业劳动生产率和全要素生产率越低。在控制其他因素的情形下，加工贸易关系强度越低，绝大部分贸易关系是一般贸易型，企业从出口中获得学习效应、提高自身生产率的效果越明显。加工贸易关系强度越高，绝大部分贸易关系都是加工贸易型，企业从贸易关系中获得学习效应、提升生产率的效果越弱。此外，混合贸易企业的加工贸易方式对企业层面生产率呈现出非线性的趋势。总体而言，加工贸易关系强度越高，则对企业生产率增长的阻碍越大。

本研究第五部分则是分析在贸易政策不确定背景下，外贸企业的贸易关系受到不确定性因素的影响从而影响进口企业进口中间品。构建了贸易关系内生化的理论模型，探讨不同情形下贸易关系受到阻碍时对企业利润、企业生产率的影响，以及贸易开放对经济增长的促进作用。

二、对策建议

由前文的主要研究结论,本研究提出以下建议:

首先,应该继续逐渐推动贸易自由化进程,以推动贸易方式逐渐转型。同时也应认识到贸易方式转型任务的艰巨性。研究表明,贸易自由化伴随的进口投入品关税削减将会促进企业出口贸易方式转型。关税水平降低将导致更多出口企业选择一般贸易方式;或者促进企业从以纯加工贸易方式出口开始转为混合贸易方式出口;或者促使企业从以混合贸易出口转而采用一般贸易方式出口。这也表明贸易自由化促进企业贸易方式转型并非是一蹴而就的。大部分纯加工贸易出口企业的贸易方式转型是逐渐变为混合贸易出口企业,然后再由混合贸易出口企业转型为纯一般贸易出口企业。因此,政府应该继续通过削减关税、非关税壁垒等措施促进贸易自由化,以逐渐推动贸易方式的转型。上述研究表明,企业生产率提升后,企业出口贸易方式逐步实现转型。

因此,从政府层面来说,政府应该积极坚持贸易自由化的方向,在当前的逆全球化的背景下积极发挥作用,推动中国与周边国家的双边和多边贸易协定框架的签订和实施。在出口退税方面,政府也需要逐渐取消和降低低级产品的出口退税,进一步降低部分能源资源类产品和先进技术装备的进口关税。在非关税政策措施方面,要继续降低服务业市场准入的门槛,对垄断性的服务业进行管理体制改革,扩大服务业的开放程度。政府应该继续推进上海自由贸易区等自由贸易区建设,并且,鼓励各地区申报和建设不同层次类型的自贸区,将其作为深化贸易自由化和贸易便利化进程的重要举措,吸纳更多的加工、制造、贸易和仓储物流企业聚集,积极培育贸易新业态和新功能,推动贸易方式转型升级。

从企业层面来说,企业应该进一步完善自身的经营管理体系,在贸易自由化的背景下,提高企业自身在开放经济环境中的市场竞争力。对于纯加工贸易企业来说,应该积极抓住代工生产的机会,吸收进口外国高质量的中间投入品的技术溢出,同时积极开展自主研发新产品,以提升企业自身生产效率作为企业积极实现贸易方式转型的路径。并且，企业还可以以混合贸易方式出口，这说明加工贸易出口企业也可以对部分自主研发生产的产品进行一般贸易出口，主动开拓国际市场，开展国际营销，逐渐实现贸易方式转型。

其次，优化进口产品质量，促进贸易方式转型。本研究表明，进口产品质量水平也会影响到出口贸易方式转型。行业内进口外国产品质量越高，则实现贸易方式转型的比例也越大，尤其是进口外国中间产品。这说明，进口产品质量水平不仅影响到本国企业的生产率、出口产品质量，还可能会影响到出口产品贸易方式的选择。我们应该充分重视进口产品质量水平对于出口贸易方式转型的促进作用。因此，政府应支持企业通过各种方式引进和进口高质量的外国产品。通过对先进设备和关键零部件中间品的关税进行有针对性的降低，鼓励企业扩大先进技术、高端设备、关键零部件进口，通过进口产品技术溢出的方式获得企业技术和生产率的提升，以及实现贸易方式转型。

最后，鼓励企业通过自主研发投入来提升企业创新能力和企业生产效率。政府通过激励性的税收政策鼓励部分有实力的企业扩大在应用及基础研究中的研发投入，支持有条件的企业建立实验室和研发中心，与高校、科研院所建立多种模式的产学研合作，形成创新要素集聚。支持企业通过各种方式引进国外先进技术，同时，支持企业到境外建立和并购研发机构，提升企业研发实力和生产效率，并以此作为促进企业贸易方式转型的重要途径。

参考文献

[1] 包群, 叶宁华, 邵敏. 出口学习、异质性匹配与企业生产率的动态变化[J]. 世界经济, 2014 (4): 26-48.

[2] 陈勇兵, 仉荣, 曹亮. 中间品进口会促进企业生产率增长吗——基于中国企业微观数据的分析[J]. 财贸经济, 2012 (3): 76-86.

[3] 陈勇兵, 李燕, 周世民. 中国企业出口持续时间及其决定因素[J]. 经济研究, 2012, 47 (7): 48-61.

[4] 陈雯, 苗双有. 中间品贸易自由化与中国制造业企业生产技术选择[J]. 经济研究, 2016 (8): 72-85.

[5] 楚明钦, 丁平. 中间品、资本品进口的研发溢出效应[J]. 世界经济研究, 2013 (4): 60-65+89.

[6] 戴觅, 余淼杰, Madhura Maitra. 中国出口企业生产率之谜: 加工贸易的作用[J]. 经济学 (季刊), 2014, 13 (2): 676-697.

[7] 戴觅, 余淼杰. 企业出口前研发投入、出口及生产率进步——来自中国制造业企业的证据[J], 经济学 (季刊), 2012 (1): 211-230.

[8] 戴翔. 中国出口市场选择与贸易转型升级——基于分类市场的比较研究[J]. 世界经济研究, 2011 (6): 51-56.

[9] 丁小义. 基于行业技术水平分类分析FDI的技术溢出效应[J]. 国际商务 (对外经济贸易大学学报), 2008 (4): 70-77.

[10] 冯永琦, 裴祥宇. 人民币实际有效汇率变动的进口贸易转型效应[J]. 世界经济研究, 2014 (3): 21-26.

[11] 范子英, 田彬彬, 出口退税政策与中国加工贸易的发展[J]. 世界经济, 2014 (4): 49-68.

[12] 郭熙保,罗知. 贸易自由化、经济增长与减轻贫困——基于中国省际数据的经验研究 [J]. 管理世界, 2008 (2): 15 - 24.

[13] 郭晶,周玲丽. 贸易政策不确定性、关税变动与企业生存 [J]. 国际贸易问题, 2019 (5): 22 - 40.

[14] 耿晔强,郑超群. 中间品贸易自由化、进口多样性与企业创新 [J]. 产业经济研究, 2018 (2): 39 - 52.

[15] 郭炳南,程贵孙. 城市化水平、贸易自由化与经济增长关系的实证研究 [J]. 国际贸易问题, 2013 (4): 18 - 26.

[16] 胡翠,林发勤,唐宜红. 基于"贸易引致学习"的出口获益研究 [J]. 经济研究, 2015 (2): 172 - 186.

[17] 黄新飞,高伊凡,柴晟霖. 中间投入品进口与企业生产率:短期效应与长期影响 [J]. 国际贸易问题, 2018 (5): 54 - 67.

[18] 姜青克,戴一鑫,郑玉. 进口中间品技术溢出与全要素生产率 [J]. 产业经济研究, 2018 (4): 99 - 112.

[19] 纪月清,程圆圆,张兵兵. 进口中间品、技术溢出与企业出口产品创新 [J]. 产业经济研究, 2018 (5): 54 - 65.

[20] 简泽,张涛,伏玉林. 进口自由化、竞争与本土企业的全要素生产率——基于中国加入 WTO 的一个自然实验 [J]. 经济研究, 2014 (8): 120 - 132.

[21] 金祥荣,胡赛. 融资约束、生产率与企业出口:基于中国企业不同贸易方式的分析 [J]. 国际贸易问题, 2017 (2): 153 - 165.

[22] 亢梅玲,田子凤. 贸易自由化、产品转换与多产品出口企业 [J]. 国际贸易问题, 2016 (8): 52 - 61.

[23] 孔伟杰. 制造业企业转型升级影响因素研究——基于浙江省制造业企业大样本问卷调查的实证研究 [J]. 管理世界, 2012 (9): 120 - 131.

[24] 逯宇铎,戴美虹. 我国出口企业选择加工贸易的原因探究:生产率和融资约束视角 [J]. 当代财经, 2014 (10): 86 - 96.

[25] 逯宇铎,戴美虹,刘海洋. 加工贸易是中国微观企业绩效的增长点吗——基于广义倾向得分匹配方法的实证研究 [J]. 国际贸易问题, 2015,

（4）：27-36+166.

[26] 逯宇铎，陈金平，陈阵．中国企业进口贸易持续时间的决定因素研究[J]．世界经济研究，2015（5）：42-51+127-128.

[27] 李春顶，赵美英．出口贸易是否提高了我国企业的生产率？——基于中国2007年制造业企业数据的检验[J]．财经研究，2010（4）：14-24.

[28] 鲁晓东，刘京军，王咏哲．贸易方式、所有权结构与中国企业出口扩展边际[J]．国际贸易问题，2016（3）：15-27.

[29] 吕大国，沈坤荣．研发选择、市场拓展与生产率提升——出口企业的转型策略选择与绩效研究[J]．国际经贸探索，2016（4）：4-21.

[30] 吕大国，沈坤荣，简泽．"出口学习效应"的再检验：基于贸易类型的实证分析[J]．经济评论，2016（2）：124-136.

[31] 吕大国，耿强．出口贸易与中国全要素生产率——基于二元外贸结果的视角[J]．世界经济研究，2015（4）：72-79.

[32] 刘修岩，王璐．集聚经济与企业创新——基于中国制造业企业面板数据的实证研究[J]．产业经济评论，2013（3）：35-53.

[33] 刘啟仁，黄建忠．贸易自由化、企业动态与行业生产率变化——基于我国加入WTO的自然实验[J]．国际贸易问题，2016（1）：27-37.

[34] 林正静，左连村．进口中间品质量与企业生产率：基于中国制造业企业的研究[J]．南方经济，2018（11）：27-46.

[35] 李淑云，慕绣如．中间品进口与企业生产率——基于进口产品异质性的新检验[J]．国际经贸探索，2017，33（11）：77-92.

[36] 刘海洋，林令涛，李倩婷．进口中间品与中国企业生存扩延[J]．数量经济技术经济研究，2017，34（12）：58-75.

[37] 毛其淋，盛斌．贸易自由化、企业异质性与出口动态——来自中国微观企业数据的证据[J]．管理世界，2013（3）：48-67.

[38] 毛其淋，盛斌．贸易自由化与中国制造业企业出口行为："入世"是否促进了出口参与？[J]．经济学（季刊），2014（2）：647-674.

[39] 毛其淋，许家云．中间品贸易自由化的生产率效应——以中国加入WTO为背景的经验研究[J]．财经研究，2015（4）：42-53.

[40] 马光明. 汇率/工资冲击、趋势性与我国加工贸易转型 [J]. 国际贸易问题, 2014 (12): 80-90.

[41] 马光明, 刘春生. 中国贸易方式转型与制造业就业结构关联性研究 [J]. 财经研究, 2016 (3): 109-121.

[42] 马述忠, 王笑笑, 张洪胜. 出口贸易转型升级能否缓解人口红利下降的压力 [J]. 世界经济, 2016 (7): 121-143.

[43] 聂辉华, 江艇, 杨汝岱. 中国工业企业数据库的使用现状和潜在问题 [J]. 世界经济, 2012 (5): 142-158.

[44] 彭冬冬, 杜运苏. 中间品贸易自由化、融资约束与贸易方式转型 [J]. 国际贸易问题, 2016 (12): 52-63.

[45] 邱斌, 刘修岩, 赵伟. 出口学习抑或自选择: 基于中国制造业微观企业的倍差匹配检验 [J]. 世界经济, 2012 (4): 23-40.

[46] 齐俊妍, 王岚. 贸易转型、技术升级和中国出口品国内完全技术含量演进 [J]. 世界经济, 2015 (3): 29-56.

[47] 钱学锋, 王菊蓉, 黄云湖, 王胜. 出口与中国工业企业的生产率——自我选择效应还是出口学习效应? [J]. 数量经济技术经济研究, 2011 (2): 37-50.

[48] 钱学锋, 王胜, 陈勇兵. 中国的多产品出口企业及其产品范围: 事实与解释 [J]. 管理世界, 2013 (1): 9-27+66.

[49] 钱学锋, 范冬梅, 黄汉民. 进口竞争与中国制造业企业的成本加成 [J]. 世界经济, 2016 (3): 71-94.

[50] 任志成, 戴翔. 劳动力成本上升对出口企业转型升级的倒逼作用——基于中国工业企业数据的实证研究 [J]. 中国人口科学, 2015 (1): 48-58.

[51] 孙学敏, 王杰. 全球价值链嵌入的"生产率效应"——基于中国微观企业数据的实证研究 [J]. 国际贸易问题, 2016 (3): 3-14.

[52] 盛斌, 毛其淋. 贸易自由化、企业成长和规模分布 [J]. 世界经济, 2015 (2): 3-30.

[53] 施炳展, 王有鑫, 李坤望. 中国出口产品品质测度及其决定因素 [J]. 世界经济, 2013 (9): 69-93.

[54] 施炳展. 中国企业出口产品质量异质性：测度与事实 [J]. 经济学（季刊），2014（1）：263-284.

[55] 施炳展，张雅睿. 贸易自由化与中国企业进口中间品质量升级 [J]. 数量经济技术经济研究，2016（9）：3-21.

[56] 孙少勤，娄曼. 进口产品多样性对全要素生产率的影响研究——基于中国制造业行业面板数据的实证分析 [J]. 产业经济研究，2018（4）：88-98.

[57] 田巍，余淼杰. 企业出口强度与进口中间品贸易自由化：来自中国企业的实证研究 [J]. 管理世界，2013（1）：28-44.

[58] 田巍，余淼杰. 中间品贸易自由化和企业研发：基于中国数据的经验分析 [J]. 世界经济，2014（6）：90-112.

[59] 汤毅，尹翔硕. 贸易自由化、异质性企业与全要素生产率——基于我国制造业企业层面的实证研究 [J]. 财贸经济，2014（11）：79-88.

[60] 汤碧，陈莉莉. 全球价值链视角下的中国加工贸易转型升级研究 [J]. 2012（10）：44-55.

[61] 汤学良，吴万宗，周建. 出口、研发与企业生产率演化——基于我国制造业企业数据的研究 [J]. 国际商务，2015（4）：123-133.

[62] 唐东波. 垂直专业化贸易如何影响了中国的就业结构？[J]. 经济研究，2012（8）：118-131.

[63] 陶攀，刘青，洪俊杰. 贸易方式与企业出口决定 [J]. 国际贸易问题，2014（4）：33-45.

[64] 汪建新. 贸易自由化、质量差距与地区出口产品质量升级 [J]. 国际贸易问题，2014（10）：3-13.

[65] 魏浩，李翀，赵春明. 中间品进口的来源地结构与中国企业生产率 [J]. 世界经济，2017，40（6）：48-71.

[66] 魏浩，连慧君，巫俊. 中美贸易摩擦、美国进口冲击与中国企业创新 [J]. 统计研究，2019（10）：1-14.

[67] 许明，邓敏. 产品质量与中国出口企业加成率——来自中国制造业企业的证据 [J]. 国际贸易问题，2016（10）：26-37.

[68] 许南，李建军. 国际金融危机与中国加工贸易转型升级分析——基于

全球生产网络视角 [J]. 财贸经济, 2010 (4): 98-106.

[69] 邢斐, 王书颖, 何欢浪. 从出口扩张到对外贸易"换挡": 基于贸易结构转型的贸易与研发政策选择 [J]. 经济研究, 2016 (4): 89-101.

[70] 杨晓云. 进口中间产品多样性与企业产品创新能力——基于中国制造业微观数据的分析 [J]. 国际贸易问题, 2013 (10): 23-33.

[71] 余淼杰, 梁中华. 贸易自由化与中国劳动收入份额——基于制造业贸易企业数据的实证分析 [J]. 管理世界, 2014 (7): 22-31.

[72] 余淼杰. 中国的贸易自由化与制造业企业生产率 [J]. 经济研究, 2010 (12): 97-110.

[73] 余淼杰. 加工贸易、企业生产率和关税减免——来自中国产品面的证据 [J]. 经济学 (季刊), 2011 (4): 1251-1280.

[74] 余淼杰, 李乐融. 贸易自由化与进口中间品质量升级——来自中国海关产品层面的证据 [J]. 经济学 (季刊), 2016 (3): 1011-1028.

[75] 殷德生, 唐海燕, 黄腾飞. 国际贸易、企业异质性与产品质量升级 [J]. 经济研究, 2011 (S2): 136-146.

[76] 殷德生. 中国入世以来出口产品质量升级的决定因素与变动趋势 [J]. 财贸经济, 2011 (11): 31-38.

[77] 易靖韬, 傅佳莎. 企业生产率与出口: 浙江省企业层面的证据 [J]. 世界经济, 2011 (5): 74-92.

[78] 颜银根. 贸易自由化、产业规模与地区工资差距 [J]. 世界经济研究, 2012 (8): 28-36.

[79] 尹翔硕、陈陶然. 不同贸易方式出口企业的生产率与利润——基于异质性企业理论的微观实证分析 [J]. 世界经济文汇, 2015 (4): 44-60.

[80] 叶建亮, 杨滢. 进口与企业技术进步: 来自我国制造业企业的证据 [J]. 国际贸易问题, 2019 (5): 12-21.

[81] 张先锋, 杨新艳, 陈亚. 制度距离与出口学习效应 [J]. 世界经济研究, 2016 (11): 124-134.

[82] 张杰, 李勇, 刘志彪. 出口促进中国企业生产率提高吗?——来自中国本土制造业企业的经验证据: 1999~2003 [J]. 管理世界, 2009 (12): 12-

25.

[83] 张杰, 陈志远, 刘元春. 中国出口国内附加值的测算与变化机制 [J]. 2013 (10): 124-131.

[84] 张杰, 张帆, 陈志远. 出口与企业生产率关系的新检验: 中国经验 [J]. 世界经济, 2016 (6): 54-76.

[85] 张少军. 外包造成了经济波动吗? ——来自中国省级面板的实证研究 [J]. 经济学 (季刊), 2013 (2): 621-648.

[86] 张杰, 郑文平, 陈志远. 进口与企业生产率——中国的经验证据 [J]. 经济学 (季刊), 2015 (3): 1029-1052.

[87] 张杰. 进口行为、企业研发与加工贸易困境 [J]. 世界经济研究, 2015 (9): 22-36+127.

[88] 张礼卿, 孙俊新. 出口是否促进了异质性企业生产率的增长: 来自中国制造企业的实证分析 [J]. 南开经济研究, 2010 (4): 110-122.

[89] 张翊, 陈雯, 骆时雨. 中间品进口对中国制造业全要素生产率的影响 [J]. 世界经济, 2015 (9): 107-129.

[90] 周茂, 陆毅, 符大海. 贸易自由化与中国产业升级: 事实与机制 [J]. 世界经济, 2016 (10): 78-102.

[91] 曾卫锋, 国际 R&D 溢出、贸易方式与中国的经济增长 [J]. 财贸经济, 2008 (8): 73-77.

[92] Ahn J B, Khandelwal A K, Wei S J. The role of intermediaries in facilitating trade [J]. Journal of International Economics, 2011, 84 (1): 73-85.

[93] Akerman A. A theory on the role of wholesalers in international trade based on economies of scope [R]. Research Papers in Economics, 2010.

[94] Alvarez R, López R. Exporting and performance: Evidence from Chilean plants [J]. Canadian Journal of Economics, 2005, 38 (4): 1384-1400.

[95] Amiti M, Konings J. Trade liberalization, intermediate inputs, and productivity: Evidence from Indonesia [J]. The American Economic Review, 2007, 97 (5): 1611-1638.

[96] Amiti M, Khandelwal A K. Import competition and quality upgrading [J].

Review of Economics and Statistics, 2013, 95 (2): 476 – 490.

［97］ Antràs P. Firms, contracts, and trade structure ［J］. The Quarterly Journal of Economics, 2003, 118 (4): 1375 – 1418.

［98］ Antràs P, Helpman E. Global sourcing ［J］. Journal of Political Economy, 2004 (112): 552 – 580.

［99］ Aw B Y, Hwang A R. Productivity and the export market: A firm – level analysis ［J］. Journal of Development Economics, 1995, 47 (2): 313 – 332.

［100］ Aw B Y, Chung S, Roberts M J. Productivity and turnover in the export market: Micro – level evidence from the Republic of Korea and Taiwan (China) ［J］. The World Bank Economic Review, 2000, 14 (1): 65 – 90.

［101］ Bas M. Input – trade liberalization and firm export decisions: Evidence from Argentina ［J］. Journal of Development Economics, 2012, 97 (2): 481 – 493.

［102］ Bas M, Strauss – Kahn V. Input – trade liberalization, export prices and quality upgrading ［J］. Journal of International Economics, 2015, 95 (2): 250 – 262.

［103］ Bas M, Strauss – Kahn V. Does importing more inputs raise exports? Firm – level evidence from France ［J］. Review of World Economics, 2014, 150 (2): 241 – 275.

［104］ Breinlich H, Cuñat A. Tariffs, trade and productivity: A quantitative evaluation of heterogeneous firm models ［R］. 2014.

［105］ Brandt L, Morrow P M. Tariffs and the organization of trade in China ［J］. Journal of International Economics, 2017 (104): 85 – 103.

［106］ Bai X, Krishna K, Ma H. How you export matters: Export mode, learning and productivity in China ［R］. National Bureau of Economic Research, 2015.

［107］ Bernard A B, Jensen J B, Lawrence R Z. Exporters, jobs, and wages in US manufacturing: 1976 – 1987 ［J］. Brookings Papers on Economic Activity. Microeconomics, 1995: 67 – 119.

［108］ Bustos P. Trade liberalization, exports, and technology upgrading: Evidence on the impact of MERCOSUR on Argentinian firms ［J］. The American Economic Review, 2011, 101 (1): 304 –340.

[109] Bernard A B, Jensen J B. Exceptional exporter performance: Cause, effect, or both? [J]. Journal of International Economics, 1999, 47 (1): 1 –25.

[110] Bernard A B, Jensen J B. Why some firms export [J]. Review of Economics and Statistics, 2004a, 86 (2): 561 –569.

[111] Bernard A B, Jensen J B. Entry, expansion, and intensity in the US export boom, 1987 –1992 [J]. Review of International Economics, 2004b, 12 (4): 662 –675.

[112] Bernard A B, Redding S J, Schott P K. Multiple – product firms and product switching [J]. The American Economic Review, 2010, 100 (1): 70 –97.

[113] Bernard A B, Jensen J B, Redding S J, et al. The empirics of firm heterogeneity and international trade [R]. National Bureau of Economic Research, 2011.

[114] Baldwin R E. Multilateralising regionalism: Spaghetti bowls as building blocs on the path to global free trade [J]. The World Economy, 2006, 29 (11): 1451 –1518.

[115] Baldwin R, Harrigan J. Zeros, quality, and space: Trade theory and trade evidence [J]. American Economic Journal: Microeconomics, 2011, 3 (2): 60 –88.

[116] Bloom N, Draca M, Van Reenen J. Trade induced technical change? The impact of Chinese imports on innovation, IT and productivity [J]. The Review of Economic Studies, 2016, 83 (1): 87 –117.

[117] Blancher M N R, Rumbaugh M T. China: International trade and WTO accession [M]. International Monetary Fund, 2004.

[118] Bellone F, Musso P, Nesta L, et al. International trade and firm – level markups when location and quality matter [J]. Journal of Economic Geography, 2016, 16 (1): 67 –91.

[119] Beaulieu E. The Canada – US Free Trade Agreement and labour market adjustment in Canada [J]. Canadian Journal of Economics/Revue Canadienne D'économique, 2000, 33 (2): 540 –563.

[120] Chevassus – Lozza E, Gaigné C, Le Mener L. Does input trade liberaliza-

tion boost downstream firms' exports? Theory and firm - level evidence [J]. Journal of International Economics, 2013, 90 (2): 391 - 402.

[121] Chaney T. Distorted gravity: The intensive and extensive margins of international trade [J]. The American Economic Review, 2008, 98 (4): 1707 - 1721.

[122] Clerides S K, Lach S, Tybout J R. Is learning by exporting important? Micro - dynamic evidence from Colombia, Mexico, and Morocco [J]. Quarterly Journal of Economics, 1998: 903 - 947.

[123] Crowley M., Meng N., Song H. Tariff scares: Trade policy uncertainty and foreign market entry by Chinese firms [J]. Journal of International Economics, 2018 (114): 96 - 115.

[124] Coe D T, Helpman E. International r&d spillovers [J]. European Economic Review, 1995, 39 (5): 859 - 887.

[125] Cai H, Liu Q. Competition and corporate tax avoidance: Evidence from Chinese industrial firms [J]. The Economic Journal, 2009, 119 (537): 764 - 795.

[126] Castellani D. Export behavior and productivity growth: Evidence from Italian manufacturing firms [J]. Weltwirtschaftliches Archiv, 2002, 138 (4): 605 - 628.

[127] Cruz A, Newman C. Rand J, & Tarp F. Learning by Exporting: The case of mozambican manufacturing [J]. Journal of African Economics, 2017, 26 (1): 93 - 118.

[128] Damijan J P, Polanec S, Prašnikar J. Self - selection, export market heterogeneity and productivity improvements: Firm level evidence from Slovenia [R]. LICOS Discussion Paper, 2004.

[129] Defever F, Riaño A. China's pure exporter subsidies [R]. CEP Discussion Paper No. 1182, 2012.

[130] De Loecker J. Do exports generate higher productivity? Evidence from Slovenia [J]. Journal of International Economics, 2007, 73 (1): 69 - 98.

[131] Defever F, Riaño A. Subsidies with export share requirements in China [J]. Journal of Development Economics, 2017, 126 (1): 33 - 51.

[132] Dixit A K, Stiglitz J E. Monopolistic competition and optimum product diversity [J]. The American Economic Review, 1977, 67 (3): 297-308.

[133] Eliasson K, Hansson P, Lindvert M. Do firms learn by exporting or learn to export? Evidence from small and medium-sized enterprises [J]. Small Business Economics, 2012, 39 (2): 453-472.

[134] Eslava M, Haltiwanger J, Kugler A, et al. Trade and market selection: Evidence from manufacturing plants in Colombia [J]. Review of Economic Dynamics, 2013, 16 (1): 135-158.

[135] Feng L, Li Z, Swenson D L. The connection between imported intermediate inputs and exports: Evidence from Chinese firms [J]. Journal of International Economics, 2016 (101): 86-101.

[136] Fernandes A M, Paunov C. Does tougher import competition foster product quality upgrading? [R]. World Bank Policy Research Working Paper Series, 2011.

[137] Fariñas J C, Martín-Marcos A. Exporting and economic performance: Firm-level evidence of spanish manufacturing [J]. The World Economy, 2007, 30 (4): 618-646.

[138] Fan H, Li Y A, Yeaple S R. Trade liberalization, quality, and export prices [J]. Review of Economics and Statistics, 2015, 97 (5): 1033-1051.

[139] Fan H, Gao X, Li Y A, et al. Trade liberalization and markups: Micro evidence from China [J]. Journal of Comparative Economics, 2017.

[140] Falvey R, Greenaway D, Yu Z. Intra-industry trade between asymmetric countries with heterogeneous firms [R]. University of Nottingham Research Paper, 2004.

[141] Fernandes A M, Isgut A. Learning-by-doing, learning-by-exporting, and productivity: Evidence from Colombia [R]. 2005.

[142] Goldberg P K, Khandelwal A K, Pavcnik N, et al. Imported intermediate inputs and domestic product growth: Evidence from india [J]. The Quarterly Journal of Economics, 2010, 125 (4): 1727-1767.

[143] Gao Y, He Y, Yin X. Fixed Export Costs and Trade Patterns: The Case of

China [J]. The World Economy, 2016.

[144] Girma S, Kneller R, Pisu M. Exports versus FDI: An empirical test [J]. Review of World Economics, 2005, 141 (2): 193 – 218.

[145] Girma S, Greenaway D, Kneller R. Does exporting increase productivity? A microeconometric analysis of matched firms [J]. Review of International Economics, 2004, 12 (5): 855 – 866

[146] Greenaway D, Gullstrand J, Kneller R. Exporting may not always boost firm productivity [J]. Review of World Economics, 2005, 141 (4): 561 – 582.

[147] Grubel H G, Lloyd P J. Intra – industry trade: The theory and measurement of international trade in differentiated products [M]. Macmillan, 1975.

[148] Hahn C H, Park C G. Learning – by – exporting and plant characteristics: Evidence from korean plant – level data [J]. Korea and World Economy, 2010, 11 (3): 459 – 492.

[149] Halpern L, Koren M, Szeidl A. Imported inputs and productivity [J]. The American Economic Review, 2015, 105 (12): 3660 – 3703.

[150] Handley K., Limão N. Trade and investment under policy uncertainty: Theory and firm evidence [J]. American Economic Journal: Economic Policy, American Economic Association, 2015, 7 (4): 189 – 222.

[151] Hopenhayn H A. Entry, exit, and firm dynamics in long run equilibrium [J]. Econometrica: Journal of the Econometric Society, 1992: 1127 – 1150.

[152] Helpman E, Melitz M, Yeaple S. Export versus FDI with heterogeneous firms [J]. American Economic Review, 2004, 94 (1): 300 – 316.

[153] Hanson G H, Harrison A. Trade liberalization and wage inequality in Mexico [J]. ILR Review, 1999, 52 (2): 271 – 288.

[154] Hirano K, Imbens G W. The propensity score with continuous treatments [J]. Applied Bayesian Modeling and Causal Inference from Incomplete – data Perspectives, 2004 (1): 73 – 84.

[155] Hu A G, Liu Z. Trade liberalization and firm productivity: Evidence from Chinese manufacturing industries [J]. Review of International Economics, 2014, 22

(3): 488 - 512.

[156] Imbruno M. Importing under trade policy uncertainty: Evidence from China [J]. Journal of Comparative Economics, 2019 (3): 267 - 298.

[157] Kugler M, Verhoogen E. The quality - complementarity hypothesis: Theory and evidence from colombia [R]. National Bureau of Economic Research, 2008.

[158] Krugman P R. Increasing returns, monopolistic competition, and international trade [J]. Journal of international Economics, 1979, 9 (4): 469 - 479.

[159] Krugman P. Scale economies, product differentiation, and the pattern of trade [J]. The American Economic Review, 1980, 70 (5): 950 - 959.

[160] Khandelwal A. The long and short quality ladders [J]. Review of Economic Studies, 2010, 77 (4), 14570 - 1476.

[161] Khandelwal A K, Schott P K, Wei S J. Trade liberalization and embedded institutional reform: Evidence from Chinese exporters [J]. The American Economic Review, 2013, 103 (6): 2169 - 2195.

[162] Kandilov I T, Leblebicioǧlu A. Trade liberalization and investment: Firm - level evidence from Mexico [J]. The World Bank Economic Review, 2012, 26 (2): 320 - 349.

[163] Kasahara H, Rodrigue J. Does the use of imported intermediates increase productivity? Plant - level evidence [J]. Journal of Development Economics, 2008, 87 (1): 106 - 118.

[164] Koopman R, Wang Z, Wei S J. Estimating domestic content in exports when processing trade is pervasive [J]. Journal of Development Economics, 2012, 99 (1): 178 - 189.

[165] Kee H L, Tang H. Domestic value added in exports: Theory and firm evidence from China [J]. The American Economic Review, 2016, 106 (6): 1402 - 1436.

[166] Koren M, Tenreyro S. Technological Diversification [J]. The American Economic Review, 2013, 103 (1): 378 - 414.

[167] Liu Q, Qiu L D. Intermediate input imports and innovations: Evidence

from Chinese firms' patent filings [J]. Journal of International Economics, 2016 (103): 166 – 183.

[168] Lu D, Mariscal A, Mejia L F. How firms accumulate inputs: Evidence from import switching [R]. University of Rochester Working Paper, 2016.

[169] Lu J, Lu Y, Tao Z. Exporting behavior of foreign affiliates: Theory and evidence [J]. Journal of International Economics, 2010, 81 (2): 197 – 205.

[170] Manova K. Credit constraints, heterogeneous firms, and international trade [J]. The Review of Economic Studies, 2013, 80 (2): 711 – 744.

[171] Manova K, Yu Z. How firms export: Processing vs. ordinary trade with financial frictions [J]. Journal of International Economics, 2016 (100): 120 – 137.

[172] Melitz M J. The impact of trade on intra – industry reallocations and aggregate industry productivity [J]. Econometrica, 2003, 71 (6): 1695 – 1725.

[173] Ohlin B. International and interregional trade [M]. Harvard Economic Studies, Cambridge, MA, 1933.

[174] Olley S, Pakes A. The dynamics of productivity in the telecomunications equipment industry [J]. Econometrica, 1996 (64): 1263 – 97.

[175] Pavcnik N. Trade liberalization, exit, and productivity improvements: Evidence from Chilean plants [J]. The Review of Economic Studies, 2002, 69 (1): 245 – 276.

[176] Ranjan P, Raychaudhuri J. Self – selection vs learning: Evidence from Indian exporting firms [J]. Indian Growth and Development Review, 2011, 4 (1): 22 – 37.

[177] Rybcynski T N. Factor Endowments and relative commodity price [J]. Economica, 1955 (22): 336 – 341.

[178] Stopler W F, Samuelson P. Protection and real wages [J]. Review of Economic Studies, 1941 (9): 58 – 73.

[179] Schor A. Heterogeneous productivity response to tariff reduction. Evidence from Brazilian manufacturing firms [J]. Journal of Development Economics, 2004, 75 (2): 373 – 396.

[180] Topalova P, Khandelwal A. Trade liberalization and firm productivity: The case of india [J]. Review of Economics and Statistics, 2011, 93 (3): 995 – 1009.

[181] Trefler D. The long and short of the Canada – US free trade agreement [J]. The American Economic Review, 2004, 94 (4): 870 – 895.

[182] Tian W, Yu M. Firm R&D, Processing trade and input trade liberalisation: Evidence from Chinese firms [J]. The World Economy, 2015.

[183] Tybout J R. Plant – and firm – level evidence on "new" trade theories [J]. Handbook of International Trade, 2003 (1): 388 – 415.

[184] Verhoogen E A. Trade, Quality upgrading, and Wage inequality in the mexican manufacturing sector [J]. The Quarterly Journal of Economics, 2008, 123 (2): 489 – 530.

[185] Van Assche A, Van Biesebroeck J. Functional Upgrading in China's Export Processing Sector [J]. China Economic Review, 2018, 47 (1): 245 – 262.

[186] Van Biesebroeck J. Exporting raises productivity in sub – Saharan African manufacturing firms [J]. Journal of International Economics, 2005, 67 (2): 373 – 391.

[187] Wang Z, Yu Z. Trading Partners, Traded products and firm performances of China's exporter – importers: Does processing trade make a difference? [J]. The World Economy, 2012, 35 (12): 1795 – 1824.

[188] Wagner J. The causal effects of exports on firm size and labor productivity: First evidence from a matching approach [J]. Economics Letters, 2002, 77 (2): 287 – 292.

[189] Xing Y. Rising wages, yuan's appreciation and China's processing exports [J]. China Economic Review, 2016.

[190] Yu M. Processing trade, tariff reductions and firm productivity: Evidence from Chinese firms [J]. The Economic Journal, 2015, 125 (585): 943 – 988.

[191] Yi K M. Can vertical specialization explain the growth of world trade? [J]. Journal of political Economy, 2003, 111 (1): 52 – 102.